안전경영의
시대가 온다

국내 최고 안전경영 전문가가 말하는
안전경영과 중대재해처벌법의 모든 것
안전경영의 시대가 온다

초판 1쇄 인쇄 2024년 5월 3일
초판 1쇄 발행 2024년 5월 20일

지은이 홍성훈

발행인 백유미 조영석
발행처 (주)라온아시아
주소 서울특별시 서초구 방배로 180 스파크플러스 3F

등록 2016년 7월 5일 제 2016-000141호
전화 070-7600-8230   **팩스** 070-4754-2473

값 19,800원
ISBN 979-11-6958-108-0 (13320)

라온북은 독자 여러분의 소중한 원고를 기다리고 있습니다. (raonbook@raonasia.co.kr)

국내 최고 안전경영 전문가가 말하는
안전경영과 중대재해처벌법의 모든 것

SAFETY LEADERSHIP

안전경영의 시대가 온다

홍성훈 지음

중대재해처벌법
Q&A와
Self
Checklist

소규모 사업장
중대재해처벌법
매뉴얼 제공

판이 바뀌는 시대, 기업의 성장과 생존을 위한
새로운 경영 패러다임

안전은 New Economy다!

실제적인 안전경영 전략과
바로 적용 가능한 중대재해처벌법 실전 로드맵까지
단 한 권으로 정리하는 안전경영 바이블

RAON
BOOK

RAON
BOOK

요즘 사회적 화두인 '안전경영'이 경영인의 핵심 덕목임을 트렌드에 맞게 가장 현실적으로 기술한 국내 유일의 '안전경영 지침서'

✑ 박시현(유한대 교수)

Safety Leadership과 안전경영을 바탕으로 한 기업경영의 존망과 성장을 통찰 있게 가장 잘 설명한 '기업경영 철학서'

✑ 고영욱(유한대 교수)

안전을 법규 준수의 수동적 접근이 아닌 기업혁신을 위한 근간으로 활용하는 논리와 방법론의 제시는 과히 혁신에 가깝다.

✑ 오만석(前 고용노동부 지청장)

이렇게 안전을 문화(Culture)와 리더십(Leadership)의 프레임(Frame)을 통한 행동양식으로 전개한 책은 없을 것이다.

✑ 이필혁(前 안전보건공단 지사장)

중대재해처벌법 때문에 사업의 존폐를 걱정하는 경영자에게 현시점에서 단시간에 어떻게 준비할지를 명확히 제시하고 있다.

✑ 박영진(돌봄이앤씨 대표)

기업경영에서의 기획영역을 안전업무 실전에 가장 잘 접목시킨 '안전전략기획서'

✑ 배금삼(sk에코플랜트)

이 책은 안전경영의 철학, 방향, 이론, 실전사례를 다룬 '안전 경영 종합전략서'와도 같다

✎ 이정원(sk에코플랜트)

安全 스타트업(Startup)을 준비하는 젊은 사업가에게 무한한 영감과 다양한 콘텐츠를 제시하는 '안전Business 안내서'

✎ 이준호(sk에코플랜트)

전문분야일 수 있는 안전을 대중적 관심에 맞게 체계적으로 구성한 '안전인문학'과 같은 서적

✎ 김호겸(안전공학 박사)

안전 리더십의 이론과 사례를 적재적소에 잘 제시하여 읽는 독자들에게 잔잔한 울림을 주고 있다

✎ 박영수(P&H Holdings 대표)

이 책은 나처럼 안전 관련 새로운 사업 분야를 고민하는 사업가에게 중장기 로드맵과 실질적인 통찰을 주고 있다.

✎ 서경도(종로안전 대표)

안전조직이 없는 기업에서 자체적으로 아주 쉽게 중대재해처벌법을 이해하고 준비할 수 있는 '실전 안전경영' 안내서

✎ 신창군(케이프로텍 대표)

'안전'과 '경영', 이머징 이슈(Emerging Issue)
: 메가 트렌드를 선점하라

2020년 코로나19는 '안전(Safety)'과 '4차 산업혁명'을 10년 가속했다. 생명과 안전에 대한 국가적인 선진화로 기업경영에 위기이자 새로운 기회의 시간이 도래했으며 언컨택트의(Un-Contact) 이머징 이슈(Emerging Issue)를 통해 이머징 트렌드를 리드한 기업은 엄청난 혁신의 고속도로에 올라탔고, 이 속도를 이기지 못하는 기업은 곧 사라지게 될 것이다.

배달의 민족 창업자 김봉진, 마켓컬리 김슬아, 야놀자 이수진. 최근 성공한 스타트업 CEO들에게는 공통점이 있다. 젊은 스타트업 대표로서 미래의 트렌드를 읽고 발 빠르게 뛰어들어 시행착오에도 굴하지 않고 시대를 리드하고 있다는 것이다. 특히 이 기업들은 '연결성(Connectivity)'이라는 화두를 붙잡고 산업의 트렌드를 리드하고 시대의 아이콘이 되었다.

미래학 측면에서 보면 모든 이머징 이슈(Emerging Issue)는 S커브를 그린다. 이머징 이슈가 탄생하고, 이것이 많은 사람의 관심을 받게 되고 트렌드로 성장한다. 트렌드는 우리가 직접 경험하고 알 수 있는 시대의 흐름인 것이다. 이 트렌드는 당연히 시대의 사회 현상, 혁신기술, 산업을 리드할 것이다. 그럼 연결성(Connectivity) 다음의 이머징 이슈는 무엇인가? 바로 '안전(安全)'이며, 그 핵심은 'Safety Leadership'이다.

안전은 이미 앞에서 설명한 코로나19를 통해 개인, 사회, 국가안전 측면의 시대적 Big Agenda가 되었다. 안전의 범위는 해석하기에 따라 그 분야가 무궁무진하며, 시대와 사회 발전에 따라 범위는 매우 광범위할 것이다.

저자는 앞으로의 이머징 이슈로 '안전(安全)'과 'Safety Leadership'을 중심으로 기업경영, 생존과 성장, 뉴비즈니스 3가지를 화두로 삼아 안전경영에 대한 통찰, 전략을 제시하고자 한다.

1) 기업 존속을 위한 핵심가치(Core Value)로의 Safety Leadership & Culture

- Top-Tier 기업으로의 Turn around를 위한 '안전경영전략'

2) 미래 성장 콘텐츠(Contents)로서의 안전

- 4차 산업기술, ESG, MESIA, New 안전 BM 등의 메가트렌드 선점

3) 최소한의 기업생존보험, Survival Power

- 중대재해처벌법의 경영리스크 대비를 넘어 기업 생존을
  위한 필수 경쟁력

이 책은 급변하는 시대적 트렌드인 '안전'에 어떻게 대응해야 할지 고민에 빠진 기업 경영자, CSO 및 안전분야의 리더들에게 미래를 보는 깊은 영감(Insight)과 명확한 방향성을 제시하며, 한편으로는 안전의 트렌드와 변화를 쉽게 이해하고 기업의 안전 문화를 통한 기본과 원칙 중심의 고성과 조직으로의 혁신에 관심이 있는 경영자, 언론, 기획자, 컨설턴트 및 일반 독자에게 이머징 이슈로 안전을 이해하는 기회가 될 것이다. 특히 미래 5대 주력산업인 MESIA(KAIST 미래전략)에서 언급하는 '의료/바이오(Medical-Bio)', '에너지/환경(Energy-Environment)', '안전(Safety)', '지식산업(Intellectual Service)', '항공우주(Aerospace)' 분야에서 미래의 안전 사업 아이템, 콘텐츠를 준비하는 기업가에게도 매우 유익할 것이다.

기존의 안전경영, 안전문화, 리더십 관련 서적은 대부분 외국 연구논문이나 사례 또는 안전업무 실무자를 위한 전공 중심의 내용으로, 기본지식 없이는 이해가 어려웠으며 일상에 적용이 쉽지 않아 이로 인해 독자층이 매우 제한적이었다. 이에 반해 이 책은 안전을 시대적 흐름이나 사회적 패러다임 변화의 핵심으로 하여 기업 경영에 적용하여 일반인 누구나 쉽게 접근이 가능하고 광범위하게 활용될 수 있다.

저자는 대학에서 안전공학을 전공, 대학원에서는 경영학(미래전략)을 전공했다. 국내 삼성, SK, CJ 기업 본사 및 국내외 Project에

서 28년간 기업의 안전경영을 기획하고 운영하는 업무를 맡았다. 특히 캐나다, 싱가포르, 중동, 아시아 등 외국 Project에서 수년간 Global 선진사와 Safety Leadership과 Culture 분야의 협업을 통해 직접 경험할 수 있었으며, 현재는 CEO의 Safety Leadership을 통한 기업혁신을 할 수 있도록 안전경영체계를 구축하고 이를 기업문화의 한 축으로 정착되도록 기획, 운영업무를 책임지고 있다.

끝으로 책을 낼 수 있도록 구성과 편집에 많은 도움을 준 박영진 대표(돋봄이앤씨)와 기획에서 출간까지 같이 해온 라온북, 독자의 눈으로 편집을 도와준 김혜영 선생님, 전반적인 흐름을 검토해 준 유희복, 유용태, 노혜선 님께 깊은 감사의 마음을 전한다. 또한 출판까지 같이해 준 이서현, 임재옥, 황순환, 이민욱, 강영재, 김민수, 이덕규, 김동환 님에게도 감사드린다.

마지막으로 이 책의 핵심 주제인 'CEO의 Safety Leadership과 경영혁신'에 실질적 영감을 보여 주신 민영학 대표님께 진심어린 감사의 마음을 드린다.

홍성훈

Contents

Chapter.1
판이 바뀌는 시대, 리더가 알아야 할 Safety Leadership 11

Chapter.2
'High Growth' : Safety 전략 통찰 5선

Chapter.3

안전 경영 전략가 '백억 코치'의 제안 : Just do it!

Chapter.4

안전경영 Survival Power : 중대재해처벌법 길라잡이

Chapter. 5

부록

Chapter.1

판이 바뀌는 시대,
리더가 알아야 할
Safety Leadership 11

시장의
판이 바뀌었다!

■ 우리는 사고사회(Accident Society)에 살고 있는가?

　얼마 전 사회적으로 엄청난 파장을 일으켰던 '대형참사'로 온 국민이 하루하루 늘어만 가는 사상자를 보면서 애태우던 일이 있었다. 이런 대참사는 잊을 만하면 재발하고, 그때마다 어김없이 사고, 재난 전문가들이 한국 사회의 안전관리 실태에 대한 비평을 쏟아내곤 한다. 그중에서도 한국사회가 단순한 '위험사회(Risky Society)'가 아닌, 더 위험한 '사고사회(Accident Society)'로 평가받는다는 점은 참으로 부끄러운 현실이다.

　사회학에서 말하는 위험사회란, 현대사회의 위험에 관한 중요한 연구결과로, 이는 미국과 독일 같은 선진국을 대상으로 한 것이다. 그보다 더 위험을 나타내는 사고사회란, 일어나기 어려운 사고가 번번이 발생하는 사회를 말하는데, 실제 대한민국에서 절대 일어날 수 없는 대형참사가 반복적으로 발생한다는 점에서 우리 스스로 사고사회에 살고 있음을 인정하지 않을 수 없다.

그렇다면 우리는 지금 사고사회에 살고 있다는 것을 제대로 인식은 하고 있는 걸까? 아니면 매번 발생하는 사고에 나도 모르게 익숙해져 당연히 받아들이고 있는 것일까? 아마도 우리는 경제적 여유로움과 사회적 윤택함 속에 살고 있어서 가장 중요한 안전을 아직 크게 의식하지 못하고 있는 것 같다. 언젠가 외국 기자가 대한민국의 안전문화 수준을 신랄하게 비난했던 글이 생각난다. "한국은 압축적 근대화(Compressed Modernization) 과정을 통해 경제적 부라는 결과를 얻었지만, 이 과정에서 안전, 품질, 인권 등에 대한 중요성이 생략되었으며 그 결과로 아직도 많은 사고가 나고 있고, 앞으로 성찰적 근대화가 필요하다."라고 냉철하게 언급한 기사였다. 다시 말하면 '삶의 질(質)' 측면의 안전을 위해서는 역사, 경제, 사회적 내력을 충분히 성찰하는 자세가 무엇보다도 필요한 것이다.

◾ 시대적 판의 전환을 읽어라

그럼 압축적 근대화에 따른 안전의 논점은 과연 무엇이며, 우리는 어떻게 이것을 해결하고 준비할 것인가, 특히 기업인이라면 안전을 기업경영의 핵심 경쟁력으로 어떻게 활용할 것인지를 반드시 고민해야 할 것이다.

2022년 산업계에 가장 큰 이슈 중 하나였던 중대재해처벌법은, 2024년 이제는 거의 모든 기업체뿐만 아니라 소규모 사업장까지도 이 법안이 적용되고 있다. 이는 사업장에서 사망사고 발생 시 해당 기업의 대표가 언제든지 형사처분을 받고 경영일선에서 물러날 수 있음을 의미한다. 기업체에서 보면 이젠 안전이 사법리스크이면서 경영리스크이기도 하고 소규모 사업장은 사업의 존폐로 이어질 수 있는 것이다. 2023년에는 기업들이 이 법에 대비하기 위해 경쟁적으로 안전전문가를 채용하느라 안전전문인력의 품귀현상까지도 발생하였다. 특히, 소규모 사업장에도 적용되는 2024년부터는 더욱 이런 현상이 극심해질 것으로 보인다.

　　이러한 정부 규제의 강화를 강조하고자 하는 것은 아니다. 다만 안전의 흐름을 읽자는 것이다. 즉 기업경영에서 안전을 트렌드로 받아들이고 선제적으로 대응하여야 하며, 나아가 비즈니스 측면에서 선제적으로 활용하자는 것이다(이점은 별도 장에서 자세히 설명하겠다). 이제는 안전이 기업경영에 핵심이 될 수밖에 없고, 기업 경쟁력에서도, 나아가 기업을 시장에서 평가하는 '평판지수'이기도 한 것이다. 곧 기업을 선택하는 MZ세대에게는 이러한 안전평판이 그 기업을 선택하는 기준이 될 것이다. 과연 젊은 인재들이 사고가 빈발하는 기업에 단지 처우가 높다는 이유로 취업을 결심할지는 의문인 것이다. 얼마 전 책에서 보니 젊은 인재가 이직하는 이유로 처우보다는 회사문화가 18배 높은 것도 같은 맥락일 것이다. 비즈니스 측면으로 보면, 4차 산업 혁명의 혁신기술을 바탕으로 안전 관련 스타트업들이 급격히 시장에 진출하고 있으며, 앞으로 관련 기업들에 대한 투자도 활황이 될 것으로 보인다. 특히 '안전', '4차 산업기술', 이 두 단어의 조합은 투자자에게 상당히 매력적으로 어필될 것이며, 실제 미국의 경우 안전 관련 유니콘(스타트업 기업을 지칭하는 용어로, 기업 가치가 10억 달러 이상인 비상장 기업)들이 이 분야에서 혁신적인 안전 솔루션을 제공하고 있다. 국내에도 이미 통신사, 대기업, 스타트업 간 컨소시엄(Consortium)을 구성하여 안전 솔루션을 개발하여 경쟁적으로 시장을 무섭게 두드리고 있는 상황이, 개인적인 의견으로는 조만간 AI 기술 기반의 상업적 안전 솔루션도 일반화될 것으로 전망한다. 이러한 안전 솔루션은 위험을 사전에 감지하고 예측하여 이를 시각화하고 중앙 관제화 할 수 있도록 데이터를 제공할 것이다. 이제는 자동차의 계기판을 보듯이 누구나 쉽게 위험을 보고 판단할 수 있게 할 것이다. 이는 안전이 더는 기술산업만의 산업이 아닌, 콘텐츠를 제공하는 서비스 산업 영역이 될 것을 의미할 것이다.

▣ 안전 리더십 : 스타트업의 J커브가 되다

'J커브(J Curve)'는 주로 경제학이나 비즈니스에서 사용되는 용어 중 하나이다. 초기에는 투자와 비용이 많이 들어가지만, 제품이나 서비스가 시장에서 받아들여지고 성장하기 시작할 때, 수익이 급증하는 모양이 J 형태로 나타난다는 개념이다. 즉 기업이 초기에는 손해를 보더라도 장기적으로는 수익을 창출할 수 있는 투자 가치가 있음을 나타낼 때 사용하는 용어이다. 안전에 갑

자기 J커브를 언급한 이유는 무엇일까? 안전리더십을 통해 기업이 어떻게 J커브의 기업혁신을 이루었는지 직접 경험한 사례를 안내하고자 하기 위해서다. 나는 첫 직장 과장 시절 CEO께 매일 안전 관련 사항을 직접 보고하는 업무를 전담했다. 지금 생각해보면 CEO가 안전 관련 사항을 직원으로부터 매일 보고 받는 것은 매우 이례적인 일이었다. 당시는 안전이 기업경영에 중요시되지 않았던 2005년 경이었다. 그런 와중에 1년이 지난 후 우연한 기회에 CEO와 우리 팀원들이 저녁 식사를 하게 되었으며, 그동안 나한테 왜 이런 안전 관련 보고를 매일 하도록 지시했는지 배경과 과정을 들을 기회가 있었다. 이야기는 이러하다. 초기 CEO께서는 통신회사에서 건설회사의 대표로 자리를 옮겼으며 그 건설회사를 어떻게 턴어라운드(Turnaround) 할 것인가가 그분의 임무였다고 한다. 건설회사 경영 경험이 없던 CEO께서는 부임하자마자 제일 먼저 외국계 유명한 컨설팅회사에 건설회사 턴어라운드 방안에 대한 컨설팅 자문을 의뢰했다. 회사 내부에 전문가도 많지만 아마도 제3자의 냉철한 의견을 통해 의사결정을 하고자 했던 것으로 보였다. 컨설팅 회사의 분야별 전문가와 심도 있는 워크숍(Workshop)이 몇 개월간 진행되었으며, 일부 직원은 장시간의 회의와 면담 등으로 녹초가 되었다. 이 과정을 거쳐 회사의 '기업문화', '사업방향', '업무절차', '투명성', '안전', '품질' 등 모든 분야에 대한 분석과 개선점이 수백 페이지의 보고서로 산출되어 CEO에게 보고가 되었다. 컨설팅을 수행하고 거의 1년 만에 결과가 나온 것이다. 그 최종 보고서 내용을 바로 그 저녁 시간을 통해 직접 듣게 되었다. 내용은 매우 놀라웠다. 컨설팅 회사에서는 다음과 같은 결과를 내놓았다. 안전이 기업경영에 있어 가장 꼭짓점, 최상단에 있으며, 이것을 통하지 않고는 기업의 턴어라운드는 되지 않는다는 것이다. 이유인즉, 그런 과정을 통해야 기업의 '기본과 원칙 문화'가 바로 서고, 리더들의 '실질적 리더십'이 제대로 발휘되며, '본사와 현장 간 협력의 팀웍'이 견고해진다는 것이었다. 즉 컨설팅 회사는 혁신의 본질(本質)을 안전에서 찾은 것이다.

그 당시 안전 리더십(Safety Leadership) 관련하여 지금도 회자하는 일화가 있다. 회사가 창사 이래 최초로 12월까지 중대 사고가 발생하지 않았다(당시 해마다 평균 4~5건의 사망사고 발생). 모든 직원이 중대사고 없는 원년을 달성할 수 있을지 학수고대하고 있을 때였다. 연초부터 CEO를 중심으로 사고 예방을 위해 전 직원들이 하나가 되어 온갖 노력을 하는 중이라 기대감은 더했다. 12월 마지막 주에 CEO께서 안전담당 임원을 불러서 연말연시에 긴장감이 해이해지고 연휴가 많아 안전에 대한 경각심이 떨어져 사고가 자주 발생하는 현황을 보고 받고, 한 치의 망설임도 없이 바로 전 현장(당시 전국에 100여개의 현장이 있었으며 그해 연말까지 매출을 올리기 위해 전력을 하고 있는 상황)에 연말연시 며칠간 문을 닫으라고 의사결정을 했다. CEO께서는 기업의 이익보다도 중대 사고 없는 원년을 전 직원이 합심해서 이루는 것이 더 중요하다고 생각했던 것이다. 지금도 그렇겠지만 당시로는 있을 수 없는 사례인 것이다.

그 결과 그해 중대사고 없는 원년이라는 역사를 썼고, 당시 건설사에서 볼 수 없는 기록을 달성했으며, 그해를 시작으로 연평균 5~6건 발생하던 사망사고는 급격히 줄었다. 물론 기업 경영의 턴어라운드는 부수적인 결과로 따라왔다. CEO께서는 기업의 턴어라운드의 시작을 안전에서 찾았으며, 또한 이것을 본인의 혁신의 리더십을 위한 지렛대로 활용했던 것이다.

기업의 미래,
MZ 인재 확보의 핵심,
CEO Safety Leadership

■ MZ세대, 어떻게 그들의 마음을 사로잡을까?

　IBK기업은행 경제연구소에서 발간한 《IBK가 만드는 중소기업 CEO REPORT》 9월호에는 〈중소기업 인력난, 해결의 실마리를 찾을 수 있을까?〉라는 제목의 칼럼이 실렸다. 내용 중 젊은 세대 구인난에 따른 문제점을 요약하면 다음과 같다.

　아무리 훌륭한 CEO라도 MZ세대처럼 젊고 활력 넘치는 하부조직 없이는 성과 창출에 한계가 있다는 것이다. 전에 근무하던 회사에서도 인적구조가 '피라미드 구조'가 아닌 심각한 '압정 구조'로, 고위직 인력 대비 신규 인력 유입이 원활하지 않아 당시 현장운영에 많은 문제가 발생되었다. 그중 회사의 분위기가 전반적으로 생기도 없고 뭔가 정체돼 보이는 것이 가장 큰 문제였다. 물론 당시 젊은 팀장/임원 등용, 근무시간 유연제, 주5일 근무, 자율 좌석제, 각종 자기계발 지원 등의 젊은 인재들을 위한 제도를 도입하여 이런 문제점들을 일부 해결했던 기억이 있다. 이렇듯 앞으로 젊은 세대의 유입이 안 된다면 조직의 노쇠화는 물론이고 혁신 역량 저하의 원인이 될 것이며 이는 기업의 발전 잠재력 저하를 초래하게 될 것이다. 그래서 많은 기업들이 젊고 훌륭한 CEO를 찾는 만큼이나 우수한 MZ 인력 유치에 많은 노력을 하는 이유가 바로 여기에 있다. 최근에는 MZ세대에 대한 많은 자료와 정보가 넘쳐나고 있다. 그만큼 MZ세대는 비즈니스 전략이나 인재 유치 측면에 Mega Target인 것이다. 몇 가지 흥미로운 자료를 살펴보면, MZ세대 구직자의 온라인상 키워드 언급량 1순위는 '자기 성장 가능성'이며, '근무시간', '급여 수준'이 뒤를 이었다. 실제 취업 후 회사에 만족하는 이유로 1위는 '일에 대한 만족감', '만족스러운 복리후생 제도', '워라밸이 가능한 근무환경', '성장가능성', '높은 연봉' 순으로 나타났다. 정리해보면, 단순히 급여나 처우보다는 기업의 배려심 있는 제도와 이를 바탕으로 한 진정성 있는 올바른 조직문화가 핵심이란 생각이 든다. 앞장에서 언급한 MZ들에게 이직에 미치는 영향 중 조직문화에 의한 것이 보상보다 18배라는 것은 이와 같은 맥락일 것이다.

그럼 기업의 안전문화와 MZ세대가 바라는 기업문화와는 어떤 상관관계가 있을까. 결론부터 말하면 기업이 추구해야 할 바람직한 조직문화와 올바른 안전문화의 방향성과는 아주 밀접한 관계가 있다. 즉 훌륭한 기업일수록 사람이 보호받고 존중되며 많은 교육과 자기계발의 기회를 제공함으로써 생산성과 기업의

만족도가 높아 안심하고 다닐 수 있는 최고의 일터인 것이다.[1]

◼ 기업, 지속적으로 튜닝(Tuning)하라

튜닝(Tuning)은 밴드나 악기를 다루는 분야에서 주로 사용하며, 연주 전 악기가 제대로 된 음을 내는지 조율하며 맞추는 과정을 말한다. 기업도 MZ세대가 선호하는 기업이 되도록 계속적으로 튜닝을 해야 한다. 시장의 트렌드에 맞게 기업 철학, 혁신 방향, 인재상, 일하는 방식 등 기업의 가치(Value)를 세련되게 조율해야 한다.

MZ세대 인재가 원하는 회사의 필요조건에 맞추어 기업이 어떤 방향으로 조율해야 하는지에 대해 대략 정리해 보면 다음과 같다. MZ세대는 점차 기업의 허리를 담당하는 핵심 인력이 되어가고 있다. 하지만 한 기업에 오래 머물지 않는 모습이다. 1년 이내 퇴사하는 비율이 높다거나, 초단기 계약직 채용을 선호하는 기업이 늘고 있다는 소식을 자주 들을 수 있다. 이제 기업은 경영전략과 비즈니스 목표에만 몰두하기보다 MZ세대 직원들이 바라는 회사에 귀 기울여 업무 환경을 개편하는 일도 신중히 고려해야 한다는 것이다. 최근 많은 기업이 업무 평가에 따라 성과급을 지급하고, 직무 체계를 수평적으로 개편하며 조직문화를 개선하려고 노력하고 있다.

그렇다면 MZ세대가 가치 있게 생각하는 회사의 조건은 무엇이며 어떤 근거로 판단하고 있을까? 입사 전, MZ세대의 40% 이상이 SNS나 온라인 커뮤니티에 올라오는 후기를 통해 기업의 이미지를 인식한다고 한다. 또한 27% 이상이 해당 기업의 직원이 평가하는 '기업 리뷰 사이트'가 가장 도움이 된다고 답했다. 즉 내부 직원의 '찐 정보'에 따라 기업을 판단한다는 것이다. 기업의 이미지나 찐 정보에는 주로 '경영진', '워라밸', '기업문화', '성장가능성' 항목을 평가한 내용이 많다, MZ 측면에서 보면 기업이 진정성을 가지고 직원을 소중한 인재로 보고 지속해서 관리하는 기업문화에 선호도를 보이는 것이다. 입사 후에는 MZ에게는 기업이 신규 구성원을 반겨주고, 조직에 잘 적응하게 만드는 '온보딩'에 대해 얼마나 관심이 있는지가 중요하다. 예를 들면, 교육을 통해 사내 문화를 신입사원에게 주입하기보다 회사의 가치와 업무 지향 방향을 차근차근 공유해서 회사에 적응하는 데 도움을 주는지가 중요한 것이다.[2] 이 모든 것들을 기업의 안전문화 측면으로 해석해 보면 임직원 하나하나 다치지 않도록 안전과 건강을 지속적으로 케어(Care)하고 보호(Protection)하려는 사람 중심의 기업문화와 맥을 같이 할 것이다. 이런 점에서 아마도 가까운 미래에 MZ세대가 기업 리뷰 사이트에 '기업안전문화지수', '안전평판지수' 정보를 통해 기업을 판단하는 시대가 곧 올 것으로 보인다. 아니 기업이 먼저 이것을 활용함으로써 MZ세대 유치에 트렌디(Trendy)한 경쟁력을 가지는 것은 어떨까?

■ Safety Leadership의 시작 : CEO의 진정성과 민감도

기업문화나 안전문화를 개선하거나 바꾼다는 것은 기업의 어느 특정 분야만 개선해서 되는 것은 아니라고 본다. 왜냐하면 기업 내 서로 다양하게 얽혀있는 조직간 역할과 책임, 업무 풍토 (Tacit) 등에 전반적인 변화를 주어야 하는 것이기 때문이다. 이런 관점에서 보면 결국 조직의 리더만이 이 역할과 결정을 할 수 있는 것이며, 그런 점에서 CEO의 역할이 절대적일 것이다. 즉 CEO의 평소 생각, 언행, 의사결정시 우선순위 등을 통해 CEO의 Safety Leadership이 직원들에게 표출되면 이것을 시작으로 그 기업의 안전문화가 시작되기 때문이다. 나아가 직원들은 이러한 CEO의 모습을 통해 기업의 안전문화 수준을 평가하고 일상의 문화로 안전을 자신의 업무로 받아들일 수 있는 분위기가 될 것이다.

그럼 Safety Leadership에 있어 중요한 CEO의 경영 덕목은 무엇일까? 크게 2가지로, 안전에 대한 진정성과 민감도로 볼 수 있을 것이다. 특히 이는 CEO가 사고나 위험에 어떠한 생각을 하고 어떻게 대응하는지의 척도이자 임계점(Critical Point)일 것이다.

첫 번째 덕목인 진정성은 안전에 대한 CEO의 의지와 실천에 있어서 진실하고 성실한지, 즉 실질적인 행동과 신념이 일치하는 지가 중요하다. 안전정책이나 절차를 단순히 형식적으로 선언하는 것이 아니라, 진정으로 소중하게 여기고 이를 솔선수범하여 실천하는 것이 중요하다는 것이다. 이러한 진정성이 부족할 경우, 안전에 대한 강조가 단순한 언사일 뿐이며, 실제로는 안전에 대한 비효율적인 행동이나 무관심함으로 나타날 수 있을 것이다.

두 번째 덕목인 민감도는 근무환경, 조직문화, 기술적 요소 등을 주의 깊게 인지하고 안전 측면에서 선제적으로 대응하는 능력을 총칭할 것이다. 안전 문제에 대한 민감도가 높은 CEO는 특정 조건이나 사건이 안전에 미치는 영향을 예측하고 즉각적으로 대응할 수 있다. 예를 들어, 새로운 기술, 제도, 절차 등을 도입할때 민감도가 높은 기업은 이러한 기술, 제도, 절차 등이 안전에 미치는 영향을 신속하게 입체적으로 파악하고 선제적으로 대응책을 마련한다는 것이다. 종합해 보면, CEO의 진정성과 민감도는 단순히 Safety Leadership에 있어서 CEO의 덕목을 뛰어넘어 강한 추진력(Driving Force)과도 같은 의미를 지닌다.

10배 매출의 차이를 만드는 '기업 안전문화'

◾ 기업의 존폐, 안전으로 저울질할 것인가?

기업이 안전에 중점을 두고 경영을 수행하는 경우 생산성 향상에 따른 매출 증대, 인력 유치에 있어 경쟁우위를 가질 수 있으며, 사고나 법규 위반에 따른 각종 벌과금, 사업중지 등을 사전에 예방하고 직간접 손실을 최소화 하여 재무적 안정성을 유지할 수 있다, 더불어 시장에서 기업의 브랜드가 안전에 우선순위를 두고 있다고 알려지면 소비자들은 해당 브랜드에 대한 신뢰를 느끼게 되어 제품이나 서비스를 더 많이 구매할 가능성이 커질 것이다. 이와 반대로 이익을 위해 안전을 양보하고 위험과 타협을 한다면, 잦은 인적, 물적사고로 기업에 막대한 경제적 피해와 이미지 실추를 야기시키고 나아가 기업의 존폐마저 위협할 수 있는 것은 자명한 사실일 것이다. 〈안전은 기업 생존과 미래

성장의 필수조건(《에너지데일리》, 2023.11.21)〉에 따르면 1984년 인도 화학 공장 가스 누출 사고로 3,700여명의 사망자를 발생시킨 미국 다국적기업 유니언 카바이드와 1995년 '2-브로모프로판' 사용으로 노동자 20명이 생식독성장해를 앓게 한 국내 모기업은 민형사상 책임, 직간접적 손실액 발생, 노사 갈등 심화 등으로 사업장을 결국 모두 폐쇄했다. 애플의 경우 위탁생산 업체인 대만 폭스콘 공장에서 고강도 노동 환경으로 노동자들이 스스로 목숨을 끊는 사건이 늘자 소비자 불매운동이 확산했고, 이는 애플 브랜드 가치를 떨어뜨렸다. 물론 최근에는 중대재해처벌법, ESG 등 기업의 사회적 책임뿐만 아니라 윤리적 생산, 소비 등으로 책임이 점점 확대되고 있는 상황이다.

반면에 이러한 시대적 메가 트렌드(Mega Trend)에도 불구하고 일부 기업의 오너(Owner)나 CEO는 기업경영에 있어 아직도 안전문제를 지불해야 할 투자가 아닌 단순 비용으로 접근하는 경우가 있다. 아마도 법을 준수하기 위해 어쩔 수 없는 비용으로만 이해하고 있는 건 아닌지, 아니면 안전투자를 통해 어떻게 생산성이 증대되는지 깊이 이해를 못 하는 건 아닌지 되물어야 할 것이다. 즉, 안전은 투자만의 대상으로만 볼 것이 아니라 경영 우선순위의 대상이기도 한 것이다. 경우에 따라서는 안전에 대한 투자도 중요하지만, 경영 우선순위를 전제로 하여 안전경영의 틀을 갖추면서 여기에 맞게 필요한 투자를 과감하게 하는 것이 현명할 것이다.

◘ 기업 내 관계갈등 조정자

〈기업 내 과업 및 관계갈등 간 영향 관계에서 안전의 조절역할〉에 대한 연구결과를 인용하면, 기업들은 조직구조의 기본단위로 팀을 활용하고 있다. 이 팀은 조직목표 달성의 필수적 임무를 수행하는 반면, 팀 구성원 간의 지속적인 상호작용으로 인하여 필연적으로 갈등을 동반하게 된다. 이러한 환경에서 '기업안전문화'는 팀 구성원들 간의 안전이라는 상호 공통의 관심사에 자유로운 아이디어를 공유, 토의하고 같이 개선해 나가는 근무환경을 조성하므로, 과업갈등과 관계갈등 간의 영향 관계를 개선한다는 내용이다.[3] 정리하면, 안전이 팀원을 하나로 묶고 팀원들이 일하고 의사소통하는 방법을 바꾸며, 목표달성을 위한 협력관계를 자연스럽게 증대시킨다는 것이다. 기업 입장에서 보면 이러한 상호 협력하는 분위기는 단기적 생산성 개선뿐만 아니라 장기적 성장과 직결되는 아주 중요한 핵심 역량이자 조직력일 것이다. 회사 입구부터 깔끔하게 정리되고 안전한 사업장, 쾌적하게 단장된 사무실, 단정하게 입은 근무복 등 이러한 근무환경의 기업에서 근무하는 직원들이 활기 넘치고 밝아 보이는 것은 당연한 것이 아닌가 싶다.

◘ 안전하지 못하면 생산적이지도 않다

다음은 독일의 화학 및 제약회사인 바이엘코리아의 생산·물류 총괄자 데이비드 베지(Betge)의 한국 근로자에 관한 인터뷰 내용을 정리한 것이다. 이는 안전과 생산성에 대한 많은 의미를 시사한다.

바이엘은 매출 400억 유로에 전 세계 11만여 명을 고용하는 다국적 기업이다. 베지는 "사업장에서 안전은 '업무에 관여된 사람들의 마음가짐이나 행동' 그 자체이며, 안전에 자신이 없는 직원은 생산력을 발휘하지 못한다.[4] 다시 말하면 회사가 얼마나 안전에 관해 중요하게 생각하고 있는지 지속적으로 직원들에게 알리는 것도 중요하다"라고 언급했다. 아마도 그래서인지 외국 기업의 경우 안전교육 프로그램(Program)과 콘텐츠(Contents)가 우리 나라와 비교할 수 없을 만큼 다양하다. 또한 사업장에서 이슈(Issue)가 터졌을 때 누구의 탓인지 묻게 되면 부하직원은 이슈를 숨기기에 급급하게 되고, 이렇게 되면 감춰진 이슈가 원인이 되어 대형사고의 불씨가 된다. 그러므로 직원들이 안전에 관해 자유롭게 이야기할 수 있는 근무환경이 형성되어야 한다. 일은 사람이 하므로 현장에 있는 관리자와 근로자, 근무자 간 자유로운 의사소통을 할 수 있도록 하는 아이디어, 이벤트, 홍보 등 진정성 있는 실질적 노력이 중요할 것이다.

■ 핵심습관, '안전'

한때 습관에 대한 책이 시중에 많이 나왔던 때가 있었다. 대략 사소한 습관이 행동을 바꾸고 나아가 인생을 바꾼다는 것을 어필하는 내용들이다. 특히 핵심습관과 안전에 대한 언급 중, "핵심습관을 바꾸면 그 밖의 모든 것을 바꾸는 것은 시간문제일 뿐이다"라는 주장을 찾아볼 수 있다. 즉, 핵심습관을 바꾸면 다른 습관들까지 영향을 받게 된다는 것이다. 이것을 '연쇄반응'이라고 한다. 이 핵심습관은 개인뿐만이 아니라 기업에도 적용할 수 있다. 기업도 연쇄반응을 일으킬 단 한 가지의 습관을 지니면 조직에 큰 변화를 가져올 수 있다. 실제 핵심 습관을 장착하면서 변화된 사례들이 있다. 대표적인 예가 바로 알코아이다. 알코아의 핵심습관은 '안전'이다. 알코아는 산재 발생 이유를 파악하고 생산 공정의 문제 해결을 위해 근로자들에게 품질관리와 효율적인 작업공정 교육을 제공했다. 또한 산업재해를 유발할 가능성이 있는 불량 장비는 개선하거나 교체했다. 이를 통해 산재만 해결된 것이 아니라 생산성의 향상을 불러일으켰고, 품질 또한 개선되었다. 이것을 지속하기 위해 24시간 소통시스템을 만들었다. '안전'이라는 핵심습관이 다른 습관에도 연쇄적인 영향을 주었고 회사의 성과 또한 비약적으로 향상했다. 매출은 1987년 15억 달러에서 2000년도에는 230억까지 상승했다.

또 다른 예로 국내에서 '삼둥이 갈비만두'로 유명한 한만두식품이 있다. 한만두식품에는 특별한 인사습관이 있다. 전 직원이 마주치면 "사랑합니다"라고 인사한다. 한만두식품 문화 담당자는 "3년 전에는 인사조차 잘 하지 않았다. 그러나 경영자로부터 시작된 '사랑합니다'라는 인사가 한만두의 핵심습관이 되었다. '사랑합니다'라는 인사를 계속 반복하면서 리더들이 익숙해졌고, 변화된 리더의 모습을 보고 직원들도 동참하게 됐다. 이제는 '안녕하세요'라고 인사하는 것이 어색할 정도이다. 인사 하나만 바꿨을 뿐인데 조직의 분위기도 바뀌고, 서로에 대한 유대감도 깊

어졌다"라고 말한다.[5] 서로 존중하는 이러한 문화는 직원들이 즐겁게 직장생활을 할 수 있는 원동력이 된 것이다.

사람을 바꾸는 대신에 기업의 시스템과 환경을 새롭게 설계하는 작업이 필요하다면 그 설계에 당신의 기업을 바꿀 단 한 가지의 '핵심습관'을 먼저 실천하는 것은 어떨까. 이 핵심습관을 만들 때 주의할 점은, 남의 것을 그대로 모방하기보다는 각 회사만의 경영철학과 가치경영, 추구하는 방향 등을 고려하여 명확히 발굴해야 한다는 것이다.

앞의 두사례를 보면, 핵심습관을 무엇에 중심을 두느냐는 CEO마다 다를 수 있을 것이나, 다만 안전뿐만 아니라 생산성, 기업 평판, 기업 문화 등 기업의 연쇄적인 발전을 기대한다면, 기업의 '핵심습관'을 안전에 두는 것은 CEO 관점에서 가장 손쉬운 투자는 아닐까?

코로나 3년과
새로운 Safety Leadership의 촉발

◘ Post-COVID19, New Leadership

코로나19 대유행은 전 세계적으로 사회, 경제 및 정치에 큰 영향을 미쳤으며, 리더십에도 변화를 촉발했다. 다양한 분야에서 리더들은 새로운 도전에 대응하고 조직을 안정시키기 위해 적응하고 변화하는 모습을 보였다. 시장조사 전문기업 엠브레인 트렌드모니터가 전국 만 19세~59세 직장인 남녀 1천 명을 대상으로 진행한 "코로나19 시대 어떤 역량의 리더가 필요할까요?"라는 질문에 대한 결과를 살펴보도록 하자. 해당 조사에서는 중복응답을 허용했는데, '비즈니스=실무 능력'이라는 일반적인 공식이 깨진 결과가 나왔다. 가장 많은 선택을 받은 이상적 리더의 자질은 바로 '소통 능력'이었다. 뒤를 이은 역량은 책임감과 리스크 관리 능력이었고, 오히려 실무능력은 4위로, 38.8%에 그

쳤다. 즉, 갑작스러운 위기 상황에서 책임감을 느끼고, 구성원의 의견을 조율하는 리더를 원하는 것이다.

사례를 보도록 하자. 지금으로부터 10년 전, 칠레 코피아포 인근 산호세 광산에서 있었던 사고의 사례이다. 깊은 땅속에 갇힌 33명의 작업자들은 매몰 후 69일이 지나서야 비로소 구출되었다. 무려 두 달이 넘는 매몰 기간보다 더 놀라운 사실은 광부 전원이 큰 부상없이 구조되었다는 점이다. 이 영화보다 더 영화 같은 극적 구출 상황은 루이스 우르수아라는 작업반장의 리더십에서 나왔다고 한다. 수직 갱도 부근에서 작업 중 갑작스럽게 갇힌 이들은 아비규환 그 자체였고, 모두 공황에 빠진 이들은 감정이 격해진 나머지 서로 폭력을 행사할 정도였다. 이를 두고 볼 수 없었던 작업반장은 계획을 짜서 식량을 배분하고 작업자과 같이 의견을 조율했다. 아니 더 나아가 간호 공부, 성대모사, 기록 담당 등 광부 각자의 재능과 경험을 살리도록 이끌었다. 그 결과, 이들 33인은 누구도 낙오하지 않고 무사히 구조될 수 있었다.

이 칠레 광부 매몰사건은 장기화되었던 코로나19 사태와 묘하게 닮아 있는 듯하다. 즉, 코로나와 같이, 우리 모두가 일상의 제약이 사회 전체에 생기는 재난에 대해 기약없는 육체적, 정신적 안정을 같이 조율, 소통하고 방향을 제시하는 일련의 리더십이 작금의 시대에 절대적으로 요구되지는 않을까?

◼ 위험관리, 지속성장 리더십의 또 다른 말

최근 리스트 관리의 중요성이 자주 화두가 되고 있다. 이에 대한 정영재 경영학 박사의 '위험을 잘 관리하는 리더가 조직에 미치는 영향'에 대한 내용을 보도록 하자.

최근 현장에서 가장 많이 언급되고 있는 단어를 꼽자면 '위험 (Risk)'이라는 단어일 것이다. 더욱이 리더는 불확실성과 복잡성이 가중되고 있는 환경에서 위험의 영향을 감소시키고, 구성원들이 겪을 수 있는 불안과 혼란을 줄이는 동시에 조직의 소중한 자산을 보호하기 위한 중요한 역할을 수행하게 된다. 그만큼 리더가 변화하는 위험 상황을 명확하게 이해하고 조직의 위험관리 체계에 대한 효율적 운영을 할 수 있다는 것은 매우 중요한 일이다. 즉, '위험관리 리더십(managing risk leadership)'이란 위험발생 시 다양하고 불확실한 상황을 안정적으로 지휘하고, 관리하고, 의사결정할 수 있는 종합적 능력으로 정리할 수 있을 것이다. 그렇다면 위험관리 상황에서 리더가 수행해야 할 역할은 일상적 업무 상황과는 무엇이 어떻게 다를까?

먼저 사전 작업으로서 예방 단계에서는 설득하고, 참가시키고, 강하게 지시하는 것이 효과적일 것이며, 사후 대응 단계에서는 설득하는 동시에 감성, 감정적으로 관리해 줄 수 있는 역량이 필요할 것이다. 이처럼 실제 위험관리 상황에서의 적합한 리더십 발휘는 구성원들의 정서적 몰입을 통해 지속적 조직몰입에까지 긍정적인 영향을 줄 수 있다는 것을 알 수 있다. 앞으로 위험한 상황을 지혜롭게 관리할 수 있는 새로운 리더의 역할이 중요해질 것이다. 그러기 위해서 위험이 도사리고 있는 상황에 효과적으로 대응하고, 지시하고, 판단하는 리더의 모습이 중요할 것이다. 또한, 나와 더불어 우리를 생각하고 지원해 주는 솔선수범의 서번트(Servant) 역할 또한 중요할 것이다. 즉, 중·장기적으로 현재 조직을 지속해서 '학습하는 조직'으로 변모시켜 새로운 변화를 리딩(Leading)해 나가는 데 중요한 역할을 해야 할 것이다.

◘ 징후관리가 핵심 : 리더의 안전 임계점

선진사에 보면 안전에서 '과정지표'라는 것이 있다. 우리는 안전목표를 세울 때 무재해, 무사고 등 결과를 목표로 하는 성과주의적 사고에 익숙하다. 그러나 선진국에서는 안전과 관련된 과정지표를 중요시하며, 과정지표를 개발하여 안전수준을 평가하는 데 활용하기도 한다. 그 과정지표를 개발하는 것이 그 회사의 안전관리역량이기도 하다. 안전관련 업무를 하는 사람뿐만 아니라 일반인에게도 익숙한 하인리히의 '1:29:300법칙'이 있다.

허버트 하인리히(1886~1962)는 1920년대에 미국 보험회사의 직원이었다. 그는 회사 업무 성격상 많은 사고 통계를 접하게 되었고, 실제 발생한 7만 5,000개의 사고를 정밀 분석하여 흥미로운 사실을 얻었다. 그 결과를 1931년 《산업재해 예방 : 과학적 접근(Industrial Accident Prevention: A Scientific Approach)》이라는 제목의 책으로 펴냈다.

책의 요지는 이러하다. 일상의 업무 중 우리는 잦은 사고를 겪는 경우가 있을 것이다. 예를 들면, 계단을 올라가다 보면 넘어지거나 넘어질 뻔한 경우가 한 번쯤은 있을 것이다. 어떤 사람은 순간적으로 중심을 잡거나 난간을 잡아 별탈 없이 지나가는 경우가 있거나, 다른 사람은 넘어져 찰과상, 심하게는 골절 상해를 입을 수도 있는 것이다. 아주 심하면 장애를 입는 재해 또는 머리 등을 다쳐 사망하는 경우도 있을 것이다. 여기서 통계상 사망, 경상, 별 탈 없는 단순 사례의 확률의 결과를 1 : 29 : 300의 수치로 얻었다는 것이다. 워낙에 이 통계는 오래된 것으로 지금은 일반인들이 어떻게 받아들일지 사람마다 생각이 다를 것이다. 물론 저자는 여기서 1:29:300의 비율을 논하려는 것은 아니다. 모든 사고에는 징후가 있고, 이 징후를 어떤 기준으로 정할 것인가가 중요할 것이다. 물론 안전문화가 엄격하게 적용되는 기업 경우 1:29:300이 아닌 1:29:300:1000의 기준이 적용될 수도 있을 것이다. 여기 1000이란 아마도 실제 넘어지는 사례가 아닌, 계단에서 핸드폰을 보고 내려가거나, 계단을 내려 갈 때 주머니에 손을 넣는 등의 위험한 행동(Unsafe action)이 해당될 수도 있을 것이다. 이것은 기업이 정하는 것으로, 사고 징후의 민감도 수준과도 같을 것이다.

내 경우로 비슷한 사례를 들어보겠다. 네덜란드의 가스회사가 발주한 CO_2 플랜트(Plan)공장을 짓는 프로젝트가 있었다. 장소는 말레이시아(Malaysia)로, 급하게 안전업무 지원 차 2달 출장을 가서 업무를 보는 중에 있었던 일이다. 우리 회사 소속의 용접사가 배관을 연결하기 위해 용접작업을 하는 중에 소화기를 옆에 비치하지 않고 작업을 했다고 발주처에서 난리가 난 것이다. 안전을 위반했으니 왜 이런 일이 발생했는지 장문의 보고서를 쓰고 발표를 하라는 지시가 발주처 본사에서 온 것이다. 발주처의 안전규정상 화기작업시 소화기가 없을 경우 이것은 사고로 정의하고 있기 때문이었다. 바로 앞서 언급한 1:29:300:1000의 1000에 해당하는 사례이다.

사고(Accident)란 원하지 않는 이벤트(Event)가 발생하여 인명피해(Injury)나 물적피해(Damage)가 있는 상황을 칭하는 것이다. 앞서 설명한 것처럼 모든 사고의 징후가 있다는 것은 누구나 인정하는 사실일 것이다. 그러나 그 징후를 어디서부터 관리할 것인가는 리더의 징후를 보는 기준과 민감도에 따라 어떤 절차와 조치가 기업 내에 시스템화 되어 있느냐에 따를 것이다. 사고(Accidnet)를 관리할 것인가 아니면 그전에 감지되는 징후를 관리할 것인가? 이점에서 바이러스 확산과 감염이라는 코로나 정국을 경험한 리더들에게 전달하는 메시지가 분명 있을 것이다.

Safety Leadership
: '문화'로 보이게 하는 것이 실력!

내가 대학 졸업 후 5개월 만에 맡은 첫 번째 해외현장에서 경험한 사례를 보도록 하겠다. 한 번은 Global 선진사의 영국인 임원이 우리 Project를 방문하기로 했다. 당시로는 첫 VIP방문객을 내가 직접 맞이할 기회가 되었던 것이다. VIP가 탄 고급세단(Sedan)이 다가오고 곧 세단은 정문을 통과한 후 바로 현장으로 들어오지 않고 현장 밖 주차장에 주차하는 것이었다. 이후 내린 VIP는 트렁크에서 안전화, 안전모, 안전 보안경을 직접 꺼내어 정성스레 착용하고 정문으로 와서는 정문 경비에게 안전교육을 어디서 받는지 물어보는 것이었다. 이 VIP는 누가 요청하지 않았음에도 통상의 안전규정(Safety Regulation)을 솔선수범한 것이다.

즉, 첫째, 허가된 공사용 차량 이외는 현장으로 들어오면 안 된다. 둘째, 현장 출입자는 예외 없이 개인안전보호구를 착용해야 한다. 셋째, 현장에 처음 방문자는 소정의 안전교육(Safety Orientation)을 받고 출입증을 받아야 한다는 규정이었다.

지금으로부터 무려 25년 전 사례다. 본인이 불편하더라도 안전기준은 예외가 없음을 리더가 직접 솔선수범하는 것이다. 안전리더십(Safety Leadeship)의 정의가 조금씩은 다르게 표현되겠지만, 직접 해외에서 보고 체험한 나로서는 이렇게 정의하고 싶다. **안전리더십(Safety Leadership)이란 다른 사람이 안전을 지키도록 '관여'하고 '지시, 조언'하고 직접 '솔선수범'하는 일련의 실천과정이라고….**

■ 안전문화, '보이고', '만질' 수 있어야…

앞서 Safety Leadership에 관해서 사례를 통해 설명하였다. 통상 외국에서는 안전을 Safety Leadership & Culture로 같이 표현하는 경우가 많다. 쉽게 이해하는 차원에서 설명하면 사회, 조직, 집단의 안전에 전반적인 문제를 얘기할 때는 안전문화(Culture)가 덜 성숙되었다는 표현을 하고, 그중에서 리더의 문제에 초점을 맞출 때는 "리더의 Safety Leadership이 없다"라고 표현한다. 그럼 우리가 흔하게 접하고 있는 "안전제일(Safety First)"이라는 표어나 포스터를 통해 안전문화가 얼마나 오래되었는지 알아보도록 하겠다. "Safety First(안전제일)"로 너무도 유명한 미국의 US Steel 사의 사례다. 1900년대 산업재해가 자주 발생하고 그로 인해 생산성 저하로 주식 폭락하는 사태까지 발생하게 되었다. 이러한 문제를 해결하기 위해 1906년 게리 회장이 취임하면서 경영 혁신책으로 생산 및 품질관리를 통한 이익 창출보다 산업재해 및 설비사고로 인한 손실 최소화가 이익 창출에 도움이 된다는 결론을 도출해 품질제일, 생산성 제일의 경영방침을 '안전제일'로 전환하게 됐다. US Steel 사는 안전제일 경영혁신 이후 산업재해 급감, 품질과 생산성이 향상돼 다시 일어서게 됐다. 이 안전제일은 작업환경 및 안전관련 규정 전반에 개선을 통한 안전문화 붐업(Boom-Up) 활동이었으나, 일본을 거쳐 한국에 들여오면서 안전제일(Safety First)이 슬로건(Slogan) 개념으로 한국에 활용되고 있다. 이처럼 선진국에서는 안전을 오래전부터 문화의 개념으로 접근했던 것이다.

안전과 ESG 융합

◘ 'Safe' 해야 ESG 경영이다

김성제의 안전경영칼럼에 기재된 〈ESG경영의 시대, 안전해야 지속 가능한 발전 가능〉이라는 내용에서의 우리는 안전 욕구 (Safety needs)가 충족되면 사회생활 관계에서 행복감을 느낀다고 한다. 행복감은 주관적인 심리 상태의 표현이기에 물질적이고 객관적인 삶의 풍요가 우선 충족될 필요가 있는 것이 현실이다. 기업을 경영하는 CEO들이 추구하는 핵심가치 면에서 과거에는 '이윤추구 극대화'였지만, 인류 공영의 ESG 시대인 현대에는 '지속가능한 발전'을 더 큰 가치로 발전되었다. 기업에서의 '안전' 의 문제도 과거에는 '안전관리자'의 책임이었지만 이제는 '안전 경영'을 해야만 지속가능한 경영이 가능한 시대가 되었다. 이미 대부분의 Global 선진사들은 안전을 기업경영에 핵심가치(Core

Value)로 채택하고 이를 기업경쟁력의 한 부분으로 활용하고 있다. 안전하고 쾌적한 작업환경 조성을 통해 생산성이 향상되고, 긍정적인 기업문화로 변화되어야 지속가능경영이 가능하고, 그렇지 않으면 시장에서 완전히 사라져버리는 현상을 우리는 가끔씩 안타깝게 보게 된다. 요즘 같은 제4차 산업혁명의 시대에 생산활동을 하는 기업에서의 안전이 지속가능경영을 위한 전제임은 더욱 자명하다. 과거에는 좋은 사업 아이템이나 제품이 있으면 몇 년간 안심하고 생산할 수 있었지만, 최근에는 제품수명 주기가 짧아지고 있다는 현실 가운데 대형 안전사고로 생산라인을 멈추게 되면 경영전략에 치명적인 타격을 받게 된다. 안전경영에 소홀히 했던 기업들이 소리소문 없이 사라지는 현상들을 많이 보며 안타까워했던 경험들이 뚜렷하다. 취약한 노후설비 교체를 게을리하다가 종국에는 기업의 지속가능경영에 악영향을 초래하는 사례를 많이 보게 된다.

결국, 안전경영은 시스템이나 문화로 도입돼야 할 시대적 과제일 것이다. '안전보건관리시스템'을 구축하여 모든 구성원들이 소통하고 참여하며 전략적으로 안전문화 관리시스템으로 운영되어야 한다. 그러면 대내외적으로 기업의 신뢰성을 확보하고 기업의 이미지를 제고함과 아울러, 공유가치창출(CSV)의 수단으로 활용되어 사회에 공헌하며 기업의 지속가능발전목표(SDGs)를 이룰 수 있게 될 것이다.[6]

■ 안전, ESG 프레임을 리딩

조기홍 대한산업보건협회 산업보건환경연구원 실장이 제언한 'ESG 경영을 위한 안전 전략'에 보면 ESG경영에서 안전경영의 의미를 아주 잘 정리한 대목이 있어 정리해 보겠다. 최근 ESG는 전 세계적인 트렌드로 확산되고 있다. 수많은 기업과 공공기관 등에서 ESG 경영 선포식과 함께 ESG 위원회를 신설해 운영하고 있으며, ESG 경영활동에 대한 보고서를 발간하고 있다. 과거에는 경제발전이라는 목표 아래 이윤 추구가 기업의 방향이었으며, 기업의 경영이나 투자, 소비의 모든 과정에서 재무적인 평가가 우선되었다.

그러나 이제는 기업의 지속가능한 성장을 위해서 비재무적인 요소(ESG)가 중요한 투자 기준으로 자리 잡고 있다. 즉, 이제는 투명하고 착한 기업에 대한 투자를 확대하겠다는 것이며, ESG 경영을 외면한 기업과 공공조직은 지속가능한 성장을 할 수 없을 것이 자명하다. ESG시대에 안전 분야도 예외는 아니다. 이정식 고용노동부 장관은 언론과의 인터뷰에서 '중대재해처벌법은 규제가 아닌 ESG 경영의 척도'라고까지 발언하였으며, 중대재해가 발생한 기업은 ESG 평가기관으로부터 우수한 등급을 받을 수 없다는 것이다. 중대재해 발생으로 기업이 ESG 평가에서 낮은 등급을 받으면, 고객사로부터 협력업체 탈락, 소비자 불매운동, 정부의 공공입찰 참여 제한, 투자자의 외면으로 인한 자금조달의 어려움 등으로 인해 기업의 생존과 지속가능한 성장에 큰 영향을 미칠 것이다.

반대로 안전경영을 통해 안전한 작업환경은 생산성 향상, 비용 절감, 법적 문제 예방 및 사회적 평가에서 긍정적인 평가를 받을 수 있을 것이다. 이처럼 기업의 'ESG를 통합한 전략으로 안전경영을 추진'하는 것이 현명할 것이다.[7] 즉 안전이 사고 예방이라는 목표를 넘어 ESG를 담보하는 핵심적 이슈로 부상한 것이다. 실제 외국의 경우 ESG시대에 맞게 안전경영을 성공적으로 접목하는 기업들은 다양한 산업 분야에서 이미 나타나고 있다.

몇 가지 ESG 시대에 맞는 안전경영 성공 사례를 아래에 소개해 보겠다.

- 포드(Ford): 포드는 안전성에 중점을 둔 차량을 개발하여 소비자에게 안전한 제품을 제공하고 있으며, 또한 탄소 배출을 줄이는 혁신적인 기술 도입과 함께 안전한 생산 프로세스를 도입하여 지속 가능한 경영을 견인하고 있다.
- 네스티(Nestlé): 네스티는 안전한 식품 생산을 통해 소비자 건강과 안전에 주력하고 있다. 지속 가능한 농업 및 공급망 관리를 통해 안전성과 환경적 지속 가능성을 동시에 일궈내고 있다.
- 존슨앤드존슨(Johnson & Johnson): 존슨앤드존슨은 제약 및 의료 기기 분야에서 안전성에 중점을 둔 기업으로 알려져 있다. 제품 안전성과 품질을 유지하기 위해 엄격한 품질 관리 시스템을 운영하고, 윤리적인 비즈니스 운영을 통해 지속 가능한 경영을 추구하고 있다.
- 토요타(Toyota): 토요타는 안전한 자동차 제조를 위해 연구 및 개발에 투자하고, 안전 시스템 및 기술을 적극 도입하

고 있다. 또한 생산 프로세스에서의 안전성 강화 및 탄소 중립을 통한 지속 가능한 경영에도 노력하고 있다.

● 베스트 바이(Best Buy): 베스트 바이는 지속 가능한 제품 판매 및 재활용 프로그램을 통해 환경 친화적인 비즈니스 모델을 구축하고, 직원들에게 안전 교육 및 복지 프로그램을 제공하여 안전한 작업 환경을 조성하고 있다.

이러한 기업들은 안전한 생산방식, 절차와 안전한 근무환경 제공 등을 통해 안전경영을 ESG 측면으로 융합하여 기업가치를 높이고 동시에 지속 가능성을 추구함으로써 기업의 혁신까지 일궈낸 좋은 사례인 것이다.

이머징 이슈(Emerging Issue)
: 안전의 미래학

◘ 미래를 읽어라

이머징 이슈(Emerging Issue), 일반인에게는 다소 생소한 분야일 것이다. 저자도 석사과정에서 미래전략을 전공할 때 처음 접한 분야로 현대사회를 이해하는 차원에 매우 흥미롭게 배웠던 기억이 있다. 아마 요즘같이 급속도로 변하는 사회를 통찰력을 가지고 이해하고 이에 대비하려는 미래의 리더들에게는 꽤 중요한 분야가 아닐까 싶다. 국가미래연구원에 나온 이머징 이슈(emerging issue)는 장차 사회적으로 큰 파급효과를 일으킬 이슈(발견, 사건, 현상 등)를 말한다. 이런 이슈들은 대략 5~10년 후에 지배적 트렌드가 되면서 많은 사회적 변화를 일으키는 동인으로 작용한다.

예컨대 급진적 과학기술의 발견, 신흥 종교나 문화의 등장, 새로운 바이러스의 확산, 사회적 제도와 규범, 가치의 변화, 국가 간 경쟁체제의 균열(혹은 새로운 질서의 형성) 등을 들 수 있다. 이런 이슈들은 이전에 존재하지 않은 것이 대부분이어서 직관적으로 이해하기가 어렵고, 그래서 대응이나 준비하기가 쉽지 않다.[8]

그럼 대한민국에서 과연 안전을 이머징 이슈로 볼 수 있을까? 결론부터 얘기하면 당연코 안전은 이머징 이슈가 될 것이다. 왜 냐면 안전은 이미 대한민국에서 사회, 기술, 인권, 복지, 기업경영 등 다양한 영역에서 이슈로, 또는 흐름으로 간주되고 있기 때문이다. 그럼 이 시점에서 우리는 안전을 이머징 이슈로 보고 이에 따른 트렌드와 이슈를 선제적으로 이해하며, 대비하는 것도, 나아가 이것을 활용하는 것도 기업경영에 매우 중요할 것이다.

◼ **안전 메가트렌드**(Mega Trend)

안전의 미래 트렌드를 예측하는 것은 어려운 일이지만 기술 혁신, 각종 정책 방향, 시시각각 발생하는 사회적 이슈, Global 요구 등의 방향성을 예측한다면 트렌드가 어떻게 형성될 것인지를 알 수 있을 것이다. 안전의 미래에 대한 몇 가지 방향성을 살펴보겠다(이 분야는 개인차가 많을 수 있으며 가능한 광의적인 내용으로 정리해 보겠다).

1) **4차 산업기반 혁신기술이 활용될 것이다.** 머신러닝, 인공지능, 사물인터넷 (IoT), 로봇 공학 등의 기술이 상호융합하여 '안전 솔루션' 형태의 제품이 시장에 경쟁적으로 나올 것이며,

이 영역은 주로 스타트업(Start-Up)이 차지할 것으로 보인다. 조만간 미국에서처럼 대한민국에도 이 분야에서 유니콘 기업이 탄생할 것이다.

2) 지속 가능성과 안전은 더욱 중요한 주제로 드러날 것이다. 친환경적인 기술의 안전한 제품 및 서비스의 개발이 시장에서 강조될 것이다. 이것은 장기적으로 ESG 측면에서 중요할 것으로 보인다.

3) 안전은 사고 예방의 세프티(Safety) 분야뿐만 아니라 시큐리티(Security) 분야로도 확대될 것이다. 즉 기업은 날로 발달하는 각종 사이버 공격으로부터의 보호를 강화하기 위해 사이버 보안에 더 많은 투자를 할 것이다.

4) 안전은 국경을 넘어 국가 간 협력과 국제 표준화를 통해 강화될 것으로 보인다. 기업과 국가 간의 협업이 더욱 중요해지며, 안전 표준이 국제(Global)적으로 통합될 것으로 보인다. 국제 안전기준 없이는 제품을 수출할 수 없는 시대가 올 수도 있을 것이다.

5) 각종 기술 및 시설은 더욱 '사람' 중심으로 설계될 것이다. 작업자의 편의성, 안전성, 건강을 고려한 설계가 강조될 것이다.

6) 안전에 대한 교육 및 학습이 더욱 강화될 것이다. 실제 작업 환경에서의 교육뿐만 아니라 가상 현실과 같은 첨단 기술을 활용한 효과적인 교육이 중요시될 것이다. 더 나아가 교육은 이제 경험과 재미를 제공할 것이다.

7) 위험 감지와 센서 기술과 데이터 분석을 통해 사전에 위험을

감지하고 예방하는 시스템이 강화될 것이다. 예를 들어, 스마트 도시 시스템에서 교통사고를 예방하는 등의 응용이 늘어날 것이다.

종합해 보면 미래는 지속적인 혁신과 국제적인 협업으로 안전이 강화되고 우리 일상과 산업에 핵심적인 역할을 할 것이다.

◘ MESIA – 미래전략산업 'Big5'

그럼 안전의 사업분야는 어떤 전망일까? 이머징 이슈를 전제로 우선 미래의 산업측면에서 접근해 보도록 하겠다.

KAIST 미래전략대학원 임춘택 교수님의 〈안전산업-미래전략〉 연구자료에서 미래의 안전산업에 대한 자세한 내용이 있어 소개하고자 한다. 〈안전산업-미래전략〉을 정리해 보면, 한국은 선진국형 안전산업으로 물적 토대가 구축돼야 안전한 사회가 될 수 있다는 것이다. 선진국이 우리나라보다 대형사고가 드물고, 각종 사고율이 5~10배 가까이 낮은 이유는 무엇일까? 이를 안전의식이나 안전문화만으로는 설명하기는 어렵다. 임춘택 교수는 이를 근본적으로 해결하기 위해선 정부 주도의 과학적이고도 체계적인 안전관리와 제도마련, 안전교육과 함께 안전산업(Safety Industry)을 육성해야 한다는 주장한다. 카이스트가 제시하는 MESIA*에서 전략적 5대 안전산업은 다음과 같다. 사회

---

* KAIST 미래전략대학원은 미래 변화 추세를 고려하여, 집중육성해야 할 5대 전략산업으로 MESIA, 즉, 의료·바이오(Medical-Bio), 에너지·환경(Energy-Environment), 안전(Safety), 지식서비스(Intellectual Service), 항공우주(Aerospace) 산업을 선정

<u>보호</u>(사이버/건물보안, 방범/경호 장비·서비스, 호신용품, 구호체계), **소방방재**(소방-로봇, 장비, 산업재해/자연재해 예방, 구조/구난체계), **감시경계**(출입국/해안선 감시, 무인감시/경계로봇·자동화), **사회기술**(법의학/범죄수사기술, 교통안전, SNS기반 복지), **국방치안**(무인·로봇-경계, 정보, 작전, 사이버·정보, 비살상·대테러) 등 안전산업의 특징은 민간기업 스스로는 육성하기가 어렵고 정부의 적극적 역할과 개입이 중요하다. 따라서 정부의 적절한 규제가 관련 산업의 육성을 촉진할 것으로 보인다. 특히 안전산업은 선진국에서는 이미 고부가가치산업이고, 역으로 보면 안전산업이 없이는 대한민국은 안전선진국이 될 수 없다는 이야기일 것이다. [9]

■ Digital Transformation 시대 : 안전 Paradigm 방향성?

최근 산업계 전반에 걸쳐 4차 산업의 영향을 받지 않는 분야는 없을 것이다. 특히 4차 산업 기술에 의한 디지털 전환(Digital Transformation)은 '생산성', '안전성', '효율성'에 있어 커다란 혁신의 물결이 이루어지고 있음을 우리는 이미 인지하고 있다. 기업에서 비즈니스 측면의 디지털 전환을 정의하면 '기업의 새로운 비즈니스 모델, 제품, 영역 또는 가치를 창출하기 위해 디지털 기술과 물리적 요소를 통합하는 기업의 혁신 전략'이라고 할 수 있다. 이러한 디지털 전환에 따른 해당 비즈니스의 산업구조, 사업형태, 생산방식의 변화에 따라 현재 우리가 접하고 있는 '안전 Paradigm 전환'은 너무나 당연하다. 기업은 이러한 Paradigm 의 전환을 선제적으로 예측하고, 이에 따른 기업의 안전 전략 즉

'Smart Safety' 전략을 준비해야 할 것이다.

그럼 안전관리 Paradigm 전환에 따른 4가지 방향성을 예측해 보겠다.

첫째, 스마트 기술로 생산성뿐만 아니라, 안전성 또한 혁신될 것이다. 다양한 스마트 기술로 무인화, 자동화, 로봇의 등장에 힘입어 근로자가 위험에 노출되는 가능성이 최소화되고 불필요한 작업 절차 또한 최소화로 사고의 기회는 획기적으로 감소할 것을 보인다.

둘째, 안전관리업(業)의 재정의 이다(시스템 적용 > 예방기술 >서비스 제공). 비즈니스 측면에서 안전은 첨단 기술을 바탕으로 한 서비스 산업으로 발전할 것으로 보인다. 즉 안전은 누구나 구입할 수 있는 서비스처럼 콘텐츠(Contents)화 될 것이며, 개인들이 쉽게 접근하고 사용하는 옵션이나 상품으로 진화할 것이다. 실례로, 자동차 내비게이션(Navigation)의 진화를 보자. 초기에 속도위반을 알리는 단순 알람(Alarm)에서 지금은 각종 정보, 라디오, TV 등을 포함한 멀티미디어 기기가 되지 않았는가? 즉, 무한한 가치를 제공할 수 있다는 얘기다.

셋째, 위험의 시각화(Visualization), 중앙 관제화(Central Control)이다. 안전관리 솔루션 또는 플랫폼을 통해 안전관리는 시각화되고 이를 통해 중앙 관제화 될 것으로 보이며, 솔루션이나 플랫폼으로 인해 누구나 위험을 인지하고 통제할 수 있을 것이다. 이제 안전은 전문가 영역이 아닌 대중화가 될 것으로 보인다.

넷째, 근로자의 통제(Control)와 보호(Care)의 밸런스(Balance)이다. 각종 IoT 기술의 발달에 따라 스마트 밴드 등을 통해 근로자 개인별 정신적, 신체적 이상 징후 및 각종 이력이 기록화되고, 이를 통해 적정작업 분배(Job Placement)도 가능해지고 있으며, 한편으로는 사고 이력 및 안전 수칙 위반 기록 등을 Data화하여 근로의 특정 작업이나 취업을 제한하는 것이 가능해질 것이다.

안전경제학
: 시작했으면 성과를 내라

■ 안전은 서비스업 : 고객이 원하는 것 ?

최근 기업들은 중대재해처벌법 대응을 위해 조직을 확대하고
전문인력을 경쟁적으로 충원하고 있다. 가뜩이나 안전 관련 인
력이 타업종으로의 업종 변경과 겹쳐 안전 분야의 인력난을 기
업의 또 다른 리스크로 받아들이고 있다. 특히 우리나라처럼 학
력과 자격증 소지 여부로 전문성을 판단하는 사회 시스템에서
당분간 안전전문가 인력난은 계속될 것으로 보인다.

여기서 저자가 언급하고자 하는 것은 인력난 문제가 아니다.
기업입장에서 안전조직을 구성하고 인력을 충원하였으나, 법에
서 요구하는 사항을 모두 충족했다고 볼 수는 없을 것이다. 안전
조직을 구성했으나 안전관련 절차, 문화, 실적에 대한 변화나 위
기시 대응 역량과 능력이 없다면 경영자로서는 안전조직에 대한

불신과 존재에 실효성에 대한 딜레마가 생길 것이다. 물론 안전에 대한 CEO의 Top Down Leadership이 중요하지만, 안전조직이 CEO에게 안전에 있어 전문성을 가지고 전략과 실행력을 제공하지 못하면, 즉, CEO의 스태프(Staff)에 맞는 역할을 하지 못하면 안전경영이 기업 내에서 제대로 경영의 한 뿌리로 정착하지 못할 것이며, 이것은 기업의 대형사고나 각종 안전 리스크로도 표출될 수 있을 것이다.

따라서 안전조직도 고성과를 내는 조직으로 성장할 필요가 있다. 특히 안전조직은 기업문화의 일환인 안전문화를 주도하고 혁신의 리더 그룹이 되어야 하기에 더욱 그렇다. 그런 점에서 저자는 이 안전조직이 성과 창출을 넘어 기업 내 고성과 리더조직이 되는 것을 주문하고 싶다.

그럼 고성과를 내는 안전조직은 어떤 조직일까. 안전조직은 CEO에게는 안전에 대한 비전(Vision)과 로드맵(Roadmap)으로서 확신을 줄 수 있어야 하며, 이러한 것을 달성할 수 있는 전략을 콘텐츠(Contents)로 제공할 줄 알아야 한다.

여기서 콘텐츠란 무엇인가? CEO가 안전에 대한 전략이나 실행안을 선택하면서 경영에 맞게 안전을 기획안으로 상품(Product)화 하여 CEO에게 제언하는 것을 말한다. 안전조직은 CEO를 고객으로 간주하고, 안전기획안을 상품으로 보며, 안전조직이 원하는 방향으로 잘 선택하도록 해결책(Solution)을 제공해야 할 것이다. 이때 필요한 것이 안전조직의 기획 역량이다. CEO를 고객으로 상품을 판매(Selling)하는 이러한 기획역량 외에 안전조직은 '우문현답'의 자세도 필요할 것이다. 이때의 우문현답이란 "**우리의 문제는 현장에서 답을 찾아라**"라는 뜻이다. 잘 기획하기 위해서는 현장에서 문제와 답을 우선 찾아야 한다. 안전경영에서는 현장(현업부서)도 고객이기 때문이다.

우문현답의 사례를 'SR 중대시민재해 예방, 우.문.현.답' 프로젝트팀 운영' 사례에서 보도록 하겠다. 우문현답팀은 SR 임직원과 협력사·보험사 직원들과 함께 구성됐으며, 역사(驛舍)와 SRT 열차에서 발생할 수 있는 고객 부상 위험 지점을 집중점검해 개선하는 업무를 수행한다. 또한 열차 안전 이용 수칙 제정, 안전 캠페인을 전개할 예정이다. 이를 위해 고객 안전사고 현황을 분석해 열차 승강문, 역사 에스컬레이터 등 넘어짐 사고 빈도가 높게 나타난 위험 지점에 고객 주의를 환기하고 안전의식을 높일 수 있는 영상과 안내문을 제작·배포하는 등의 활동을 전개키로 했다.

이종국 SR 대표이사는 "안전한 열차 이용 문화를 정착시켜 고객 안전사고를 예방하는 데 큰 역할을 할 것으로 기대한다."라며 '절대안전 실현과 중대시민재해 제로를 달성하기 위해 모든 임직원이 함께 노력할 것'이라고 강조했다.[10) 여기에서 보듯, 안전경영은 우리가 관리해야 할 대상이 누구인지가 아닌, 안전의 고객이 누구인지를 먼저 정하는 것이 중요하다. 저자는 여기서 제일 중요한 고객을 CEO와 현장으로 본 것이다.

■ 혁신의 더듬이 : 집요함, 편집증적 점검의식

기업체 대리 시절 사고조사를 담당한 때의 사례를 소개하고자 한다. 안전조직이 사고를 어떻게 접하고 이를 통해 기업의 혁신을 어떻게 리드(Lead)하는지를 절실히 나타내는 사례이다.

당시 2개의 기업체에서 같은 종류의 사고가 발생했다. 사고의 요지는 이러하다. 근로자가 아파트 건설 현장에서 전기기구를 쓰면서 전기줄을 당기는 과정에 충전된 전선이 노출되어 근로자가 감전되어 사망한 사고다. 우연치고는 너무 놀라울 정도로 2개 회사에 똑같은 작업과정, 똑같은 원인으로 사망사고가 발생한 것이다. 편의상 2개 회사를 A, B로 표현하기로 하자.

사고가 발생하자 A 회사는 원인을 근로자가 선을 당기면서 발생한 사고로 파악했고, 근로자가 그 전기선을 무리하게 당기지 않으면 발생하지 않는 사고로 다루어 근로자 개인의 책임으로 종결했다. 물론 아무런 개선방안은 도출되지 않았으며, 사고로 돌아가신 안타까운 생명의 가치 또한 무의미하게 된 것이다.

이에 반해 B 회사는 근로자가 왜 전기선을 당기는지에 집중했으며, 건설 현장에서 근로자는 작업을 위해 전선을 당기지 않으면 안 되는 상황이 자주, 일상적으로 벌어짐을 받아들이고, 근로자의 관점에서 이러한 전기선을 당기더라도 충전부(전기가 통하는 부분)가 노출되지 않도록 그 전기 제품을 전 현장에서 전수 교체하기로 결정했다. 바로 며칠 만에 전 현장에서 몇천 개의 제품이 교체된 것이다. 사고 후 B 회사의 현장에서는 더 이상 사고와 관련된 동종의 제품이 반입되지 않도록 절차화하여 골든룰(Goldne Rule)로 적용한 것이다. 물론 이후 B 회사는 비슷한 사고가 발생하지 않은 것으로 기억된다. B 회사는 그 감전사고에 대한 민감도를 가지고 동종의 사고를 반드시 100% 예방하겠다는 소명감이 있지 않았을까?

안전은 각종 사고를 통해 배우고 이를 예방·개선해 나가는 일련의 노력을 포함하고 있다. 사고를 어떻게 받아들이고 접근하느냐에 따라 예방책을 통한 혁신도 결정될 것이다. 이때 가장 중요한 것은 사소한 징후에도 위험을 감지하는 센서(Sensor) 기능의 민감도, 그리고 다시는 그런 사고가 발생하지 않게 하겠다는 투철한 직업 소명감일 것이다.

일전에 모셨던 CEO께서 "직원들은 사고예방을 위해서 '편집증적 점검의식'이 필요하며, 사고에는 예방이 가능하다는 확신을 가지고 재발 방지를 위한 '집요함'이 필요하다."라고 말씀하신 것은 같은 맥락일 것이다.

◼ 안전조직의 성공 DNA

기업에서의 혁신은 기존의 비즈니스 모델, 제품, 서비스, 프로세스, 기술 등을 새롭게 변화시키거나 개선하여 새로운 가치를 창출하는 과정과 결과를 일컫는 말이다. 이때 가장 중요한 요소는 조직문화 및 관리 방식의 혁신이다. 즉, 기업의 조직문화나 경영 방식을 새롭게 조성함으로써 '창의성과 협업'을 촉진하면 진정한 혁신 문화를 구축할 수 있다.

안전조직에 있어서도 창의성과 협업 능력은 조직 경쟁력에 있어 가장 중요한 항목이다. 나는 이것을 기업 내 안전조직의 최소한의 성공 DNA라고 부르고 싶다. 사고가 발생하면 통상 사고조사를 하고 이에 따라 동종의 사고 예방을 위한 재발 방지 대책을 수립한다. 물론 이것으로만 동종 재해를 100% 막을 수는 없을 것이다. 즉 교육적, 절차적, 기술적, 환경적(작업 조건 및 상태) 측면 등 다방면에 입체적인 방안을 수립해야 한다. 이때 안전조직에 필요한 역량이 '창의성'이다. 실제로 창의성이 있는 안전조직의 경우 다방면의 방안을 수립하고 이를 받아 주는 기업문화와도 접목되어 각종 혁신적인 대안을 통해 기업의 안전수준을 차별화하는 경우도 종종 있다.

창의성이 기획이라면 이를 시행하는 역량은 '협업'이다. 안전조직에서 그럴싸한 방안을 내놓더라도 관련 부서와 사전에 역할에 따른 명확한 협의 없이는 실행력이 떨어질 것이다. 즉, 안전조직만의 'My Plan'이 아닌 회사의 'Our Plan'을 만들어야 할 것이다. 이에 따라 CEO는, 임원은, 팀장은, 지원은 무엇을 할 것인지 계층별 역할이 캐스케이딩(Cascading) 되어야 한다.

이런 일련의 역할을 하려면 안전조직의 구성 또한 중요하다. 이런 점에서 저자는 유연한 안전조직을 추천하고 싶다. 유연한 조직이란, 조직 구성, 조직 운영, 전략 수립 등 3가지 측면에서 환경의 변화에 신속하고 탄력적으로 대응하는 능력을 갖춘 조직을 말한다. 이것은 기업 내 안전조직원이 갖추어야 할 기초체력이기도 하다. 여기는 말하는 환경 변화는 안전과 관련된 각종 사고, 이슈, 리스크 등일 것이다.

이러한 조직을 만들기 위해서는 우선 조직원의 역량이 다양하게 구성되어 있는지를 보아야 한다. 기획, 점검, 교육, 인사, 재해조사, IT 등 각 방면의 인력이 역량별로 적절히 구성되어 있는지를 보아야 할 것이다. 안전경험자에게 단순히 역할만 부여할 게 아니라 회사 내 전담부서의 전문가에게 일정 기간 지원을 받아 해당 분야를 전문화하고, 이를 통해 조직이 배워가는 조직 운영도 좋을 것이다. 일례로 기획팀장 시절 전체 관리한 인력이 500명으로, 인사관리 전문가를 인사팀에서 1년간 지원받아 직원 인사관리 시스템을 안전관리자에게 맞게 성공적으로 시스템을 정비했던 사례가 있다.

한편 조직 운영 측면에서는 반드시 본사와 현장의 순환 근무에 대한 정확한 정책(Policy)이 있어야 한다. 안전 인원이 커질수록 안전조직에 맞는 비전 체계, 인재상 등이 명확히 나와 있어야 할 것이다. 전략 수립에서 가장 중요한 것은 중장기 로드맵과 전략을 만들어 구성원에게 지속적으로 공유하고 이를 수치로 관리하는 것이다. 물론 이것을 같이 리드할 CEO 주관의 콘트롤 타워(Control Tower)는 필수이다. 지속해서 직원들과 호흡하고 비전을 공유할 유연성 있는 안전조직을 만들기 위해서는 단순히 안전조직의 전문성만 육성할 것이 아니라 조직 내 조직관리능력, 기획력, 인력관리 능력이 있는 다양한 분야의 인력을 얼마나 잘 융합하고 활용하느냐가 안전조직의 역량일 것이다. 기업에서의 혁신은 변화하는 시장 조건에 대응하고 끊임없이 발전하기 위한 필수적인 요소이다. 혁신을 통해 기업은 새로운 기회를 발견하고 경쟁에서 우위를 차지할 수 있을 것은 너무나 자명하다.

안전이 바꾼
변화의 물결

◻ 안전인식과 욕망

동기부여 이론을 정립한 미국의 저명한 행동주의 심리학자 에이브러햄 매슬로우(Abraham Maslow: 1908~1970)는 인간의 욕구를 5단계로 **생리적 욕구, 안전 욕구, 소속 욕구, 존경 욕구, 자아실현 욕구** 순으로 나누고 있다. 여기서 말하는 2번째 안전 욕구란 일상생활에서 정신적 신체적 안전을 추구하는 욕구를 말한다. 즉, 물리적 위험에서 벗어나고자 하는 데서부터 출발하여 가정, 직업, 재산, 음식, 주택 등을 잃게 되는 두려움에서 벗어나 안정감을 가지고 보호받으며 살고 싶은 욕구를 말한다.

한편, 최근에 매슬로우의 인간의 욕구 5단계 이론에 대한 문제점을 제시하는 논리도 있다. 논리는 이러하다.

"어느 단계의 욕구가 완전히 충족된 후에 다음 단계의 욕구가 나타나는 것도 아니며, 또한 어느 욕구가 충족된 다고 하더라도 그 욕구가 동기유발 요인으로서의 의미를 완전하게 상실하는 것이 아니라 강도가 약화하여 하나의 욕구로서 여전히 존재한다."

이점에 대해 갑론을박(甲論乙駁)은 아닐지라도 개인별 의견은 분분할 수 있을 것이다. 개인적으로는 사회발전에 따라 개인별로 5단계의 순위가 있다기보다는 차지하는 비중이 바뀌어 가는 것으로 보이고, 최근에는 안전욕구와 자아실현 욕구가 높은 순위로 많은 비중을 차지하지 않을까 생각이 든다. 아마도 자아실현은 스마트폰의 생활화와 관계가 깊을 것으로 보이며, 안전은 앞의 장에서 설명한 것처럼 위험사회에 살고 있다는 인식과 실제 대형사고가 일상에서 계속 발생됨을 체감하고 있으며, 특히 전 국민이 COVID19을 통해 통감했을 것이다. 코로나 초기 어느 누가 몇 년씩 마스크를 쓰고 일상의 불편함을 감수할 것이라 상상이나 했을까?

최근 한국관광공사에서 발표한 "안전(Safety)에 대한 의식이 여행 트렌드를 바꾸다"라는 내용을 보면 인간의 욕구 변화에 따른 우리 일상의 변화가 얼마나 빠르게 진행되는지를 알 수 있는 흥미 있는 사례가 있다. 내용을 정리하면, 한국관광공사는 SKT의 T맵 교통데이터 및 KT의 빅데이터를 활용해 코로나19 국내 발생시점인 2020년 1월 20일부터 5월 30일까지 총 21주간 국내 관광객의 관광 이동 패턴 및 행동 변화를 종합적으로 분석한 결과, 전반적인 관광 활동에도 '안전'이 최우선 고려사항이 되면서, 전국적으로 집 근처의 자연친화적 공간에서 가족과 함께 안전하게 야외 활동을 선호하는 경향이 뚜렷해지면서, 생활권역 내에서 일상과 연계된 관광을 즐기는 이른바 생활관광 중심으로 관광 활동이 재편되고 있다.

이번 분석에서 나타난 코로나19 기간 중의 관광 활동 트렌드를 'SAFETY(안전)'라는 6개 키워드, 즉 △근거리(Short distance), △야외활동(Activity), △가족단위(Family), △자연친화(Eco-area), △인기 관광지(Tourist site), △관광 수요회복 조짐(Yet)으로 정리했다. 자료는 '안전(SAFETY)'이라는 영어 이니셜을 응용하여 흥미롭게 정리한 내용이나, 안전의식, 즉 비대면(Untact)에 따른 생활패턴이 얼마나 민감하고 빠르게 실생활에 반응하는지를 나타내는 사례인 것이다. [11]

또 다른 사례는 과도한 안전의식에 따른 사회적 이슈에 관한 비평이다. 김용섭 칼럼니스트(Columnist)의 "소비 욕망이 된 '안전', 그리고 괴물"이라는 칼럼이다. 우리는 안전불감증을 늘 겪어왔지만 안전민감증, 안전과민증은 처음 겪어보았다. 마스크를 쓰고, 전염병에 대한 두려움을 갖고 살아온 지 몇 년이 되었고, '안전'에 대한 일반 시민의 욕망은 역대급으로 커졌다. 이를 기업들이 간과할 리 없다. 욕망은 늘 소비를 낳고, 이는 곧 돈 버는 기회를 만들기 때문이다. 마스크를 필두로, 손소독제, 체온계 등 위생용품이 역대급으로 팔렸다. 줄어들던 일회용품 사용도 다시 늘었다. 개방형 오피스가 트렌드가 되면서 쇠퇴했던 칸막이 판매도 급증했고, 가림막으로 쓰는 투명 아크릴판도 히트 상품이 되었다. 팬데믹 와중에 뜨는 상품과 지는 상품의 희비가 엇갈리기도 하고, 새로운 히트 상품이 등장하기도 했다. 스마트폰 살균기도 잘 팔리고, 패션에선 안티바이러스 원단으로 옷을 만들기 시작했으며, 엘리베이터에선 에어클린 기능이 들어간 제품이 주목받고, 식품업계에선 면역력을 마케팅 키워드로 남용할 정도로 많이 썼다. 건설업계에서도 전신살균기나 에어 샤워 기능을 아파트 현관이나 로비에 적용하는 시도가 활발하고, 극장이나 항공기 등 다중이 함께 같은 공간에 머물러야 하는 분야에선 방역과 소독을 상시로 하는데다, 공기 청정과 환기, 자외선 살균 조명 등을 적용하는 시도도 계속 나온다. 우리의 의식주를 둘러싼 일상생활에서 개인위생이자 안전을 필수이자 기본으로 적용하는 시대를 우리가 살다 보니 생긴 일이다.

욕망과 기회를 틈타 새로운 악인도 등장했다. 우려하던 일이 하나 터졌다. 바로 가짜 마스크다. 안전이 강력한 욕망이 되면서 이를 악용해 공포 마케팅을 펼치거나, 사기를 치는 이들이 나올 거란 예상은 누구나 할 수 있었다. 마스크 품귀 현상이던 때에 사재기를 해서 폭리를 취하는 이들도 있었으니, 무허가 가짜 마스크를 만드는 발상도 그리 놀랍진 않다. 공적 마스크가 중단되자 온라인에선 마스크 값이 떨어지기 시작했는데, 유독 큰 폭으로 내린 제품들이 있었다. '수상한데, 이건 왜 이렇게 싸지' 하면서 봤던 기억이 있었는데, 확인해 보니 문제가 된 무허가 마스크 중 하나였다. 사실 이번에 드러난 것 외에도 더 있었을 가능성도 배제 못 한다. 지금도 제2, 제3의 가짜 마스크가 돌아다닐 수 있고, 이전에 안 걸리고 유통시켰던 이들도 있을 수 있다. 이럴 때일수록 더 강력한 대응과 처벌이 필요하다. 사기로 버는 돈이 훨씬 큰데 그깟 벌금형 정도로는 안 된다. 괘씸죄를 적용하고, 국민 감정을 고려해 범죄 수익 몰수라든가 강력한 구형이 필요하다. 일벌백계하여 강력한 경고를 해야 한다. 위기를 기회 삼아 돈 버는 건 자유지만, 지킬 건 지켜야 한다. 사람 되긴 어려워도 괴물은 되지 말아야 한다. 그리고 괴물에겐 관대하지 말아야 한다. 그것이 우릴 더 안전하게 지킬 방법이다.[12]

앞의 두 사례를 통해 보면 사회적 안전의식에 따라 우리의 일상, 산업, 사회규범 등에 얼마나 다양한 변화가 올지 그 범위는 상상이 안 될 것이다. 한편으로는 이러한 변화가 흥미롭기도 하다

◘ 세상을 보는 눈 : 안전렌즈(Lens)

시민 안전의식이 변화함에 따라 소비자들의 구매 행태와 소비 패턴, 생활방식, 사회문제 및 이에 따른 리더십의 변화가 이루어지고 있다. 몇 가지 변화를 살펴보도록 하자.

소비자 측면에서는 안전에 대한 우려가 커지면서 다양한 측면에서 안전을 고려하여 제품을 선택하고 소비하게 될 것이며, 안전뿐만 아니라 친환경, 건강정보, 각종 제품 정보의 투명성, 윤리적 생산 여부, 개인정보보호 등이 가격보다는 소비의 기준이 될 것으로 보인다. 또한, 국가 및 지역에 따라 안전 규제가 강화될 수 있으며, 기업은 이러한 규제를 준수하고 소비자들의 안전 우려에 부응하는 방향으로 비즈니스 전략을 수립해야 할 것이다.

생활 패턴 측면을 보면 시민 안전의식이 변화하면서 생활패

턴도 조정되어 새로운 행동 양식이 형성될 수 있을 것이다. 홈 오피스 및 원격 교육, 체험형 홍보 감소, 건강 및 운동에 대한 관심 증가, 사회적 거리두기 존중 등이 일상화될 것이다. 이러한 변화는 다양한 산업과 생활 영역에 영향을 미칠 것이며, 기업들은 이러한 변화에 대응하여 제품과 서비스를 조정하고, 지역 사회 및 정부는 이러한 변화에 맞춰 새로운 안전 규제와 지침을 도입해야 할 것이다.

마지막으로 이러한 사회 변화에 따른 우리가 원하는 리더십을 어떻게 될 것인가? 안전에 대한 우려가 증가하면서 리더들은 새로운 상황에 대응하고, 조직을 안전하게 지키면서도 생산성을 유지하기 위한 다양한 리더십 변화가 발생할 수 있다. 이를 위해 투명한 의사소통, 사회적 책임 준수, 위기에 유연한 대응과 변화 능력, 책임과 투명성 강조 등이 중요한 요소가 될 것으로 보인다. 이러한 모든 변화는 사회적 우선순위와 정책 결정에 영향을 미치며, 사회 구성원들 간의 상호 작용과 행동 양식에 변화를 초래할 것이다. 따라서 안전의식 변화를 반영한 새로운 관점과 해결책을 사전에 모색해 선제적으로 대응하려는 인식이 무엇보다도 중요할 것이다.

중대재해처벌법
: 기업성장의 디딤돌

■ '중대재해처벌법'이란?

  2024년 산업계의 가장 큰 화두 중 하나는 중대재해처벌법의 확대 적용일 것이다. 중대재해처벌법의 요지는 중대재해가 발생하는 경우 그 재해의 원인이 경영책임자나 사업주가 안전조치를 소홀히 한 데에 있을 경우 경영책임자나 사업주에게 처벌을 내리는 법안이다. 이 법이 얼마나 산업계 화두가 되었는지 신입사원 면접시 항상 물어보고 답하는 면접 킬러 문항이 되었을 정도다.

  중대재해처벌법이 적용되면서 안전업계도 많은 변화가 일어났다. 안전분야 전문가의 인력난으로 더욱 좋은 조건의 기업체로 안전관리자의 이직이 활발해져 한때 기업체들은 안전관리자 모시기에 홍역을 치를 정도였다. 시쳇말로 안전분야 종사자들이 취업 특수를 누릴 정도였다. 그럼 중대재해처벌법에서 요구하는 경영책임자나 사업주의 역할을 무엇이며 이로 인한 처벌은 무엇인지 간단히 정리해 보겠다.

사업주 또는 경영책임자 등은 사업주나 법인 또는 기관이 실질적으로 지배·운영·관리하는 사업 또는 사업장에서 종사자의 안전·보건상 유해 또는 위험을 방지하기 위하여 그 사업 또는 사업장의 특성 및 규모 등을 고려하여 다음 각 호에 따른 조치를 하여야 한다.

❶ 재해예방에 필요한 인력 및 예산 등 안전보건관리체계의 구축 및 그 이행에 관한 조치

❷ 재해 발생 시 재발방지 대책의 수립 및 그 이행에 관한 조치

❸ 중앙행정기관·지방자치단체가 관계 법령에 따라 개선, 시정 등을 명한 사항의 이행에 관한 조치

❹ 안전·보건 관계 법령에 따른 의무이행에 필요한 관리상의 조치

[한국산업안전보건공단 자료]

요약하면, 사업장에 필요한 안전보건경영체계와 시스템을 갖추고 이를 운영하기 위한 조직을 구성하며 정기적으로 이 안전경영체계와 시스템이 제대로 운영되고 있는지 점검하고 개선하는 것을 말하며, 이를 위반할 시 아래와 같은 대상별 처벌을 받는 것이다.

사업주 및 경영책임자 등
• 사망자 발생한 경우 '1년 이상의 징역 또는 10억원 이하의 벌금'
• 부상 및 질병 발생한 경우 : '7년 이하의 징역 또는 1억원 이하의 벌금'

안전 및 보건 확보의무를 위반한 법인이나 기관
• 사망자 발생한 경우 : 50억원 이하의 벌금형
• 부상 및 질병 발생한 경우 : 10억원 이하의 벌금형

[한국산업안전보건공단 자료]

대부분이 중대재해처벌법이 적용되는 대기업들은(특히 업종상 사고가 많이 나는 업종) 이미 중대재채처벌법이 적용되기 이전부터 노무법인, 법무법인과의 전략적 공조로 중대사고 발생시 이를 방호하고 변호하기 위한 사전 시뮬레이션(Simulation)과 상황 발생 시를 대비한 경영지배구조 개편, 안전조직 보강 등 기업경영 및 오너 리스크(Owner Risk)를 대비한 대책 수립에 여념이 없었다. 한편 일부 기업은 이 법의 취지상 안전사고 예방 활동을 강화하기 위한 법안임에도 불구 중대사고가 발생하면 어떻게 법을 피해갈 수 있을까에 초점을 두고 여러 가지 시나리오를 수립하느라 여념이 없다.

◘ 중대재해처벌법 실형 현실화 : 0000 대표이사 '법정 구속'

그럼 최근 중대재해처벌법 실제 처벌 사례는 어떠할까? 최근 중대재해처벌법 적용 후 기업체 대표이사가 법정구속 되는 사례가 발생함으로써 중대재해처벌법에 대한 우려가 현실화되었다. 설마 했던 상황이 현실화된 것이다. 대기업의 경우 중대재해처벌법 적용 이전부터 산업안전보건법에 따라 기본적인 안전보건 관리체계가 있는 것에 비해 중소기업의 경우 중대재해처벌법에 대한 대비가 열악할 수밖에 없을 것이고, 또한 사고 이후 대응 역시 적절했는지 의문이다.

이와 관련해 법정 구속이라는 초유의 사례를 보도록 하자. 〈중대재해 처벌 등에 관한 법률(중대재해처벌법)〉 위반 등 혐의로 기소된 ○○제강 대표이사가 1심에서 실형을 선고받고 법정 구속됐다. 지난해 중대재해처벌법이 시행된 이후 원청 대표이사가 구속된 것은 이번이 처음이다. 창원지법 마산지원 형사1부(○○○ 부장판사)는 중대재해처벌법 위반 등 혐의로 기소된 A씨에게 징역 1년을 선고했다. A씨는 지난해 ○월 ○○일 경남 함안의 ○○제강에서 작업 중이던 60대 B씨가 1.2t 무게의 방열판에 다리가 깔려 숨진 것과 관련해 안전조치 의무를 다하지 않은 혐의로 기소됐다. 검찰은 안전보건 관리체계 책임자인 A씨가 하도급업자의 산업재해 예방 조치 능력과 기술에 관한 평가 기준 마련을 비롯해 안전보건관리책임자 등 업무수행 평가 기준 마련 등의 의무를 다하지 않아 B씨가 사망했다고 보고 지난해 11월 ○○제강과 대표이사 A씨 등을 기소했다. 이날 재판부는 "○○제강에서 그동안 산업재해가 빈번히 발생했으며 중대재해처벌법 시행 이후에도 안전책임을 다하지 않아 이번 사건이 발생했다"라며 "노동 종사자의 안전을 위협하는 구조적 문제가 드러난 것으로 엄중한 처벌이 불가피하다"라고 말했다.[13] 물론 이 기업의 경우 중대재해처벌법 시행 이전에도 산업재해가 빈번히 발생했던 점도 법정구속을 하게 된 이유 중의 하나가 되었을 것이나, 이번 사례를 통해 중대재해처벌법이 엄중히 적용될 수 있음을 볼 수 있으며, 2024년부터 50인 미만 사업장에도 중대재해처벌법이 확대 적용됨에 따라 이러한 사례는 더욱 많아질 것으로 보인다.

■ "감옥 갈 위험 안고 사업하느니 차라리 폐업을"...中企人 4000명 성토

앞서 설명한 사례와 같은 문제는 평소 중대재해처벌법에 대한 관심과 준비가 열악할 수밖에 없는 중소사업장에서 더욱 우려된다. 실제로 저자는 일전에 협력사 회사 대표님을 몇 분 같이 만날 기회가 있어 중소사업장 중대재해처벌법 적용 관련 내용을 자유로이 토론할 기회가 있었다. 이때 대표님들은 크게 두 그룹으로 확연히 구분되었다. 한 그룹은 어떻게든 중대재해처벌법을 준비해서 기업의 위험에 대비하는 모습이었고, 다른 그룹은 관심도 없이 자포자기하는 모습이었다. 그런 상황을 듣는 내내 마음이 안타까웠다. 어떤 대표님은 안전조직을 만들고 인력을 충원하느니 사고 발생시 그냥 회사를 폐업하고 사업을 접겠다고 말할 정도였다.[14] 당시는 50인 미만 사업장에 대한 적용 여부가 확정되지 않은 때이나, 지금은 이미 50인 미만 사업장도 중대재해처벌법이 적용되고 있어 이제 모든 기업이 이를 현실로 받아들이고 냉철히 준비를 해야 할 것이다.

각종 매체에서 50인 미만 기업에 중대재해처벌법 적용에 대한 우려의 목소리를 내놓고 있으나 실제로 50인 미만 기업체들의 경우 우려와 고민만 하고 직접적인 대비는 열악한 것이 사실이다. 중대재해처벌법은 해당 법을 적용하기 전에 사회 전반적인 안전 인프라, 제도, 문화, 산업계 구조를 반영한 장기적인 안전 로드맵을 가지고 정부, 학회, 기업, 노동계가 단계적으로 진정성 있게 협의를 통해 준비해야 하는 국가적 아젠다(Agenda)가 아닌가 생각한다. 이와 관련하여 최근 고용노동부와 안전보건공단에서는 중소기업 및 소상공인을 위한 중대재해처벌법 지원 제도를 내놓고 있으나, 실제로 이를 이해하고 준비하기에는 역부

족일 것이다. 하지만 경우에 따라서는 기업의 발전을 떠나 '생존' 하기 위해서 반드시 준비해야 할 과정임은 분명하다.

■ 현명한 리더 : 수비보다는 공격을

앞선 사례와는 다르게 건설사의 경우 건설업 특성상 협력사 의 역할이 대부분을 차지하기 때문에 원청사가 직접 나서 중소 규모의 협력사가 안전보건경영 체계를 구비하도록 직접 지원도 하고, 중대재해처벌법을 이해하고 준비하는 데 필요한 교육 및 협력사 본사와 간담회도 활발하게 진행하고 있는 경우도 있다. 통상 이것을 '중대재해처벌법 상생프로그램', '협력사 지원 프로 그램'이라고 하며 중소규모 업체는 이를 적극 활용하는 것도 하 나의 방편일 것이다. 또한 일부 원청사는 협력사의 안전보건경 영 체계를 전문기관에게 점검하게 하고 이를 인정해주는 비용도 직접 부담해주는 실질적인 지원 프로그램도 일부 운영하고 있 다. 협력업체 입장에서는 스스로 고민만 하기보다는 지원받을 수 있는 정부 사업을 확인하거나 원청사의 도움을 활용하거나, 일부 비용이 발생하더라도 전문기관을 활용할 것을 추천하고 싶 다. 아직은 사례가 없지만 일부 실제 사고가 발생하고 상황이 발 생하면 이러한 도움을 받을 수 있는 기회도 없을 것으로 보인다. 최근 사례를 보면 법에서 요구하는 최소한의 안전보건경영 체계 도 없으면 해당 기업에 대한 중대재해처벌법 적용은 가혹하리 만큼 냉정하나, 한편으로 최소한의 안전보건관리 체계라도 구비 되어 있으며 얘기는 달라질 것이다. 이는 거창한 매뉴얼이 아니더라도 최소한의 관심만 있어도 쉽게 마련할 수 있을 것이다. 이 모든 시작은 결국 사업주와 경영책임자의 관심과 정성일 것이다. 사견으로는, 이 법안의 취지나 큰 방향성은 바뀌지 않는 게 시대적 흐름일 것으로 생각된다. 다만 이 법이 계속해서 발전해 나가기 위해서는 추가적인 법안이 현업에 맞게 계속해서 진화되어야 할 것으로 보이며, 앞서 설명한 것처럼 정부, 기업체, 학회, 근로자 등이 국가적 아젠다(Agenda)로 단발성이 아닌 정기적인 협의를 통해 이 법이 정착되어 현업에서 실질적으로 재해가 예방되도록 정성을 기울여야 할 것으로 보인다.

　한편 기업 측면에서 보면 중대재해처벌법의 법규 하나하나 이리저리 해석하고 피해 갈 사후약방문의 탈출구를 찾는 데 비용과 시간을 투자하기보다, 이 법을 당연한 시대적 요구(Demand)로 받아들이고, 불의의 사고를 예방하고 내 생명을 구하기 위한 안전벨트는 당연히 매야 하는 것처럼, 안전을 기업경영의 한 축으로 하여 중대재해처벌법에 따른 기업경영을 통해 기업의 존속을 꾀해야 한다. 아울러 앞선 여러 조항(Chapter)에서 설명한 바와 같이 기업 내 안전경영을 통해 기업의 기본과 원칙 문화, 리더십 정착 등 기업 발전의 핵심 경쟁력으로 활용하는 것이 현명한 리더의 선택임을 강조하고 싶다.

기업 성과와
가치의 본질(本質)

■ 기업 평판, 쌓는 데 20년, 무너지는 데 5분

기업의 안전평판을 현실감 있게 잘 설명한 이유정(법무법인 원) 변호사의 칼럼에 관한 내용을 보도록 하자. 최근 국내 최대 제빵 기업 공장에서 안전사고로 인해 노동자가 사망하는 사건이 발생했다. 이 사건이 발생한 후 기업 대표가 공식적으로 사과하고 재발 방지를 약속했지만, 기업 브랜드와 이미지에 큰 타격을 입었고, 불매운동으로 인한 매출 감소 피해도 상당한 것으로 알려져 있다. 또 국내 커피 시장에서 최고 매출액을 자랑하는 회사에서 고객에게 증정품을 제공했는데, 제품에서 발암물질 포름알데히드가 검출되는 바람에 그동안 쌓아온 브랜드 이미지에 타격을 입은 사건도 있었다.

이처럼 근로자 인권이나 소비자 안전과 관련된 문제가 기업

이미지는 물론 매출 감소 등으로 이어지는 사례를 흔히 볼 수 있다. "평판을 쌓는 데 20년이 걸리지만, 평판이 무너지는 것은 5분이면 된다"라는 워런 버핏의 말은 단순한 경구가 아니다. 평판은 사람이나 기업에 대한 사회적인 평가를 말한다.

ESG 경영이 대세가 된 지금, 평판 관리는 단순한 홍보 문제가 아니라 기업 생존을 좌우하는 중요한 요소다. 평판 위기가 발생하지 않도록 하려면 예방이 중요하다. 규칙적인 식사와 운동, 수면, 좋은 식습관이 건강을 유지하고 질병을 예방하는 데 도움 되는 것과 마찬가지로, 기업도 제품 품질과 안전관리, 근로자에 대한 인권 존중, 준법 경영, 소비자 안전, 거래처와 협력·상생 등 기본적인 원칙을 지키면 자연스럽게 좋은 평판을 얻게 된다.

ESG 평가에서 늘 최고 점수를 받는 기업 CEO 이야기를 들을 기회가 있었는데, "ESG라는 말이 나오기 훨씬 오래전부터 준법경영을 하고, 근로환경을 끊임없이 개선하고, 기업 이윤 중 일부를 기업과 관련이 있는 소비자, 직원, 지역주민들에게 환원할 수 있는 사회 기여와 봉사활동을 꾸준히 해 온 결과, 좋은 평가를 받게 된 것일 뿐"이라는 말이 인상 깊었다. [15]

앞선 사례에서 보듯이 안전과 관련된 평판은 바로 직접적인 피해자가 발생하고 피해가 명확하다는 점에서 평판 관리 측면에 매우 위험한 요소일 것이다.

그럼 구체적으로 안전평판이란 무엇일까? 안전평판은 기업이나 조직이 안전관리에 얼마나 중점을 두고, 안전한 제품과 서비스를 제공하며, 안전한 작업 환경을 조성하고 관리하는지에 따른 평판일 것이다. 일반적으로 안전평판이 좋은 기업은 안전에 대한 높은 표준을 유지하고, 이를 이해관계자들과 공유하며, 안전에 대한 지속적인 향상을 추구하는 기업들이다.

안전평판은 종종 기업의 지속 가능성과 사회적 책임을 반영하는 중요한 지표 중 하나이며, 소비자들에게 신뢰를 주는 데 큰 역할을 한다. 안전평판지수는 여러 요소에 영향을 받을 수 있으나, 이는 주로 안전관리 체계, 제품 또는 서비스의 안전성, 사고 대응 능력, 교육 및 훈련 프로그램, 고객 리뷰 등과 관련이 있다. 이러한 안전평판을 가늠하는 안전평판지수는 종종 조사 기관이나 평판 관리 기업에 의해 측정되고 공개되고 있으며, 이러한 지수는 소비자들이 제품이나 서비스를 선택할 때 안전성을 고려하는 데 도움이 되며, 기업들에게는 안전관리에 대한 지속적인 투자와 노력을 요구하는 것이다.

■ 5분의 안전 경제학 : 1년 준비한 PT보단 Safety Moment

약 10년 전 기업체 부장 시절 해외프로젝트를 수주하기 위해 외국 출장을 자주 갔던 때의 일이다. 당시는 오일머니(Oil Money)를 기반으로 해외 플랜트(Plant) 수주 활황의 시기로, 국내 대기업들이 너도나도 해외 수주에 회사의 모든 역량을 집중하고 있는 시기였다. 당시 통계를 보면 해외 프로젝트 10억불(이 규모 이상을 통상 Mega 프로젝트라고 한다) 이상의 플랜트 건설을 할 수 있는 글로벌(Global) 20개사를 선정하였는데, 그중에 국내 기업이 무려 7개사가 포함될 시기였다. 당시 쿠웨이트(Kuwait) 발주처가 우리 회사의 수준을 보겠다고 본사에 간부급 인사 수십 명이 방문할 시기에 있었던 사건에 관한 내용이다. 당시 쿠웨이트 VIP들을 공항에서부터 배웅하고 우리가 전세한 버스로 본사에 모시고 와서 바로 상호 인사를 하는 과정에서 무슨 일인지 쿠웨이트 VIP들 분위기가 갑자기 험하게 흐르고, 몇 명이 바로 고국 쿠웨이트로 돌아가겠다고 난리가 난 것이다.

요지는 이러했다. 공항에서 전세한 버스를 탔으나 관계자 누구 하나 안전띠(Safety Belt)를 매야 하는 건지 말아야 하는 건지 아무런 안내도 없었으며, 사무실 도착해서 사무실 내 비상상황 발생 시 비상 대피 관련 교육도 없었다. 그 흔한 흡연 규정(당시 쿠웨이트 VIP는 대부분 흡연자였음)에 대하여 안내가 없었던 상황에 대해 굉장히 불쾌하고 이 회사의 안전수준을 한눈에 알 수 있다고, 이런 기업에 공사를 맡길 수 없다고 난리가 난 것이었다. 당시 대부분의 글로벌(Global) 회사들은 회사에 방문객이 오면 세이프티 모멘트(Safety Moment)를 하는 것이 이미 오래된 관례 아니 상식이었다.

'Safety Moment'란 우리 주변의 많은 안전 관련 정보에 대해 나 혼자만 알 수도 있지만, 상황이나 필요에 따라서 상대방에게 의무적 혹은 실제적인 안내를 하거나 안전에 대한 분위기를 환기시키는 일상의 안전문화 활동 중에 하나이다. 왜냐하면, 안전은 누구에게나 중요한 관심사이기 때문이다. 특히 이렇게 외국에서 처음 한국 기업에 방문한 VIP에게 그 나라, 그 회사의 안전 규정을 안내 안 한 것은 보기에 따라서는 상대방에게 상당히 무례한(당시 우리는 이해가 안 되는 상황이었으나) 것으로 비칠 수 있었다.

물론 Safety Moment는 이렇게 손님들을 위해 안전사항을 안내하는 때도 있지만, 외국에서는 평소 특정한 사건이나 작업 전에 진행되기도 하며, 팀 회의, 교육 세션, 생산 회의 등 다양한 상황에서 의무적으로 실시하고 있다. 대개 몇 분에서 5분 이내의 짧은 시간 동안 이뤄지며, 안전과 관련된 주제에 대한 이야기, 사례, 사고 예방을 논하는 것으로, 이는 일상적인 활동에서 안전을 고려하고 적용하는 습관을 형성하는 데 도움이 되었다.

당연히 해야 할 5분 내외의 Safety Moment를 했으면 당시 그 기업의 안전평판은, 아니 기업의 평판이 어땠을까? 그 공사 수주를 위해 무려 1년을 고생하여 입찰했던 노력이 5분의 노력만 못했던 것은 아닌가?

그 반대의 사례도 있다. 싱가포르에 입찰이 있어 약 10여 명의 본사 인력이 싱가포르 현지에 방문하여 입찰 프레젠테이션 자료를 발표해야 했다. 입찰 결과를 앞두고 마지막 관문으로 가장 중요한 순간으로, 모두 몇 달간 같이 준비한 내용을 최종 당일 발표만을 남겨둔 상태였다. 싱가포르 발주처에서도 우리와 똑같이 10여 명이 참석하여 서로 마주 앉아 발표를 준비하는데, 싱가포르 발주처의 CEO가 프레젠테이션 발표 전 Safety Moment를 진행한다고 안내하고 바로 싱가포르 발주처 임원급 안전총괄 매니저가 직접 나와 5분간 발주처의 사무실에서 안전규칙과 비상대피, 흡연규칙 등에 대해서 친절하게 파워포인트로 안내를 하는 것이었다. 그 5분간 안내로 우리는 이 싱가포르 회사의 안전에 관한 철학과 수준을 인상깊게 판단하게 되었던 것이었다. 우리가 손님이 되어 Safety Moment를 받으니 당시 이런 안내를 받지 못한 쿠웨이트 VIP들이 우리 회사를 어떤 수준으로 생각했을까 싶어 씁쓸한 생각이 들었다. 회사는 두 번의 경험을 통해 이제는 외국 손님이 오면 Safety Moment는 기본으로 하여 인근 숙소, 맛집, 관광지 등 안전뿐만 아니라 생활 전반에 대한 안내를 의무적으로 하고 있다. 안전은 일상의 문화이며 상대방에 대한 기본적인 배려임을 몸소 느낀 사례일 것이다.

▣ Safety는 Value다

최근에 선진기업들은 Safety Value라는 표현을 많이 쓴다. 안전을 우선시하는 것을 넘어, 가치(Vale)로 보는 것이다. 우리에게는 이런 표현이 다소 생소하겠지만, 앞선 사례들을 보면 기업의 장기적인 성공과 지속 가능성에 영향을 미치는 중요한 구성 요소인 것은 너무나 자명한 사실일 것이다. 즉, 안전은 기업의 내적·외적 가치로 보아도 무리는 아닐 것이다. 아마도 대한민국 사회가 발전할수록 안전이 기업의 가치와 성장에 절대적인 요인으로 자리매김할 것을 의심하는 사람은 없을 것이다.

그런 점에서 Safety Leadership은 리더가 가져야 할 절대적인 기본역량이며 기업을 위험에서 리드할 원동력일 것이다. 우리는 이미 코로나 정국에서 시대가 요구하는 리더십이 무엇인지, 미래를 선도할 새로운 인재 MZ세대가 원하는 기업 내 리더십은 무엇이고 무슨 의미하는지, 중대재해처벌법 적용에 따른 기업의 안전경영은 어떤 방향으로 준비해야 할지, 이 모든 질문의 공통적인 답은 바로 리더의 Safety Leadership에서 출발함을 이미 알고 있을 것이다. 이를 통해 기업은 사회에 대한 책임과 신뢰 실현, 효율과 생산성 달성, ESG와 법규 준수, 위기관리 등의 역량을 통해 기업 혁신을 이룰 것이라 저자는 확신한다.

Chapter.2

'High Growth'
: Safety 전략 통찰 5선

안전이 '돈'이다
: The New Economy

■ 위험을 관제하는 시대

스마트 안전은 일반적으로 최신 기술을 활용하여 안전관리를 강화하는 것을 말한다. 특히 4차 산업혁명의 기술 혁신으로 스마트 기술의 급격한 발전과 기술융합으로 인해 안전 분야에서도 다양한 형태로 혁신을 이끌고 있다. 특히 타 산업에 비해 안전사고가 월등히 많이 발생하는 건설회사에서의 스마트 안전에 대한 니즈(Needs)는 과히 엄청나다. 스마트 안전이 초기에는 단순히 위험(Risk)을 모니터링하고 알려주는 수준에서 이제는 통합관제 형식의 스마트 솔루션(Solution) 형태의 플랫폼이 시장에 경쟁적으로 출시되고 있다. 이를 잘 반영하는 최근 ○○건설 부문, 통합관제시스템 활용 '안전보건 모니터링' 강화에 대한 기사를 보도록 하자. ○○ 건설부문에 따르면 고위험 통합관제시스템을 활용해 현장과 본사 통합관제조직 간 유기적인 소통관계를 구축하는 한편, 이동형CCTV를 운영하고 동절기 가스측정기를 추가 설치하는 등 현장 위험요소를 밀착관리하고 있다. 고위험 통합관제시스템은 전국 건설 현장에 설치된 이동형 폐쇄회로(CC)TV를 본사의 모니터링 시스템과 연동해 안전관리를 실시하는 구조다. 128개의 화면을 통한 네트워크로 고위험 요소의 사전 예방효과를 극대화한다. ○○ 건설부문은 고화질 영상장치가 탑재된 이동형 CCTV를 통해 다각도에서 위험요소를 촬영하고 통합관제시스템으로 전송함으로써 안전관리 공백을 최소화하고 있다. 이에 더해 동절기 중독·질식 사고를 예방하고자 밀폐공간 작업현장에 가스측정기를 배치해 산소, 이산화탄소, 황화수소 등 농도 데이터를 확인하고 있다. ○○ 건설부문은 안전관리 모니터링 시스템을 확대 적용하는 동시에 일일 안전회의 제도를 신설해 사전 위험성평가 운영 체계도 강화한다는 계획이다. 또한 올해 상반기 근로자 안전보건플랫폼을 도입해 근로자 중심의 자율안전보건 관리제도를 정립해 나갈 예정이다. ▲위험성 평가 공유 ▲안전교육 영상 시청 ▲작업중지권 접수 기능 등을 구축하고, 마일리지 제공 이벤트를 실시함으로써 근로자들이 직접 재해예방 활동에 참여하게끔 독려한다는 게 회사 측 설명이다.[16] 이렇듯 이젠 위험을 일일이 안전관리자가 직접 관리하는 시대에서 본사가 직접 대시보드(Dashboard) 형태의 솔루션을 통해 실시간으로 통제하는 시대로 변화한 것이다. 이는 이젠 4차 산업의 지속적인 발전을 통해 이 산업뿐만 아니라 관련된 산업의 시장 또한 같이 비약적인 발전이 있을 것으로 전망되고 있다.

◼ 安全, 유니콘 기업 시대

조금은 전문적인 분야이나 현재 주로 스마트 안전에 적용되는 4차산업의 기술은 대략 다음과 같다.

1. **스마트센서**(센서를 사용하여 환경, 차량, 건물 등의 안전 상태를 모니터링하고 데이터를 수집 정보를 문자, 경보, 동작중지 등으로 제공)
2. **VR & AR** (가상 현실 및 증강 현실을 사용하여 위험한 상황에서의 훈련 및 시뮬레이션을 제공)
3. **패턴 및 인식기술**(CCTV 및 센서 데이터를 분석하여 이상 행동이나 위험 상황을 감지하고 신속하게 대응할 수 있도록 정보를 제공)
4. **인공지능과 머신러닝**(머신러닝 알고리즘을 사용하여 사고를 예측하고 예방하는 시스템을 말하며, 이를 통해 사고의 원인을 사전에 예측 및 신속하게 파악하고 대응할 수 있도록 함)
5. **사물인터넷**(IoT)**과 플랫폼**(다양한 스마트 기기 및 시스템을 통합하여 효율적이고 통합된 스마트 안전 시스템을 말하며, 대시보드 형태로 실시간 데이터 모니터링 및 분석을 가능케 하는 플랫폼 형태로 개발하여 의사결정에 활용할 수 있다).

이러한 기술이 단독으로 적용되기보다는 상호 융합하는 형태로 적용되고 있다. 그럼 이 스마트 안전기술은 비즈니스 측면에서 어떻게 전개될 것인가? 《이코리아》의 '산업재해 예방하는 스마트 안전기술 어디까지 왔나'에 따르면 스마트 건설안전장비는 건설사고를 예방하기 위해 무선안전장비와 융복합 건설기술을 결합한 안전장비다. 과거 단순 센서나 경보기 수준이었던 기술과 장비가 AI(인공지능)와 IoT(사물인터넷) 등과 같은 첨단기술과 접목되면서, 안전관리 및 사고예방에 탁월한 효과를 발휘하고 있다. 특히 모바일 안전관리 플랫폼이나 지능형 CCTV, IoT센서 등은 급속도로 확산하며 이제 표준화 논의까지 필요한 시점이 됐다. 현장 상황에 알맞은 스마트 안전장비 적용 방법, 기능·성능 등에 대한 평가 기준 등이 마련되어 있지 않아 사업장에서 스마트 안전장비 선택 및 운용에 어려움을 겪고 있기 때문이다. 이에 안전보건공단은 11월까지 건설현장에 적용할 스마트 안전장비의 표준 모델 및 평가기준을 개발할 예정이다. 국토교통부는 지난해부터 '스마트 건설안전 지원 시범사업'을 추진하고 있다. 전 권역 중소규모 공사(300억 미만)를 위주로 참여 현장을 공모하여, 인공지능(AI) 폐쇄회로(CC)TV, 구조물 붕괴·변위 위험 경보장비 등 안전장비가 지원된다.

그러나 우리나라의 스마트 안전기술은 감시, 모니터링, 관제, 기록을 위한 시스템을 중심으로 개발되어 기술이 편향되어 있다는 지적이 있다. 대한건설정책연구원 자료에 따르면 국내 스마트 안전기술은 근로자 위험행동 관찰 등 안전관제(49%)를 목적으로 하는 기술이 상당수이며, 안전관리업무 효율화(2%)와 안전설계·위험확인(1%) 분야 적용기술은 빈약한 수준이다.

반면에 해외 주요국의 스마트 안전기술은 대부분 프로젝트 차원과 시공 단계에서 적용 가능해 한국과 차이가 있다. 해외 주요국들도 안전관제를 위해 스마트 안전기술을 적용하고 있다. 적용되는 분야도 안전관리업무 효율화(32%)와 안전설계·위험확인(IT분야 59%) 분야 등 다양하다.[17] 여기에서 언급하는 내용을 실무자 입장에서 정리해 보면 각종 혁신기술이 스마트 안전에 기술로 접목되었으나 아직은 재해를 예방하는 근본적인 절차나 시스템적 기술 접목에는 선진사 대비 미흡한 단계로 보아야 할 것이다.

4차산업 기술을 단품의 개별 기술로 조합하기보다는 중장기 안전 솔루션 플랫폼(Solution Platform)을 구체화하고 여기에 필요한 기술이 무엇인지 선택하고 연결하는 것이 핵심일 것이다. 솔루션에 필요한 기술력은 무한한 속도로 발전할 것이라는 가정하에(실제 그렇다) 안전 솔루션 플랫폼을 먼저 구조화하고 디자인(Design)하는 것이 우선 중요하다.

그럼 이 솔루션에 요구되는 상품성 측면 즉 마켓에서의 핵심 니즈(Needs)는 무엇일까. 저자는 이 질문에 이렇게 정의하고 싶다.

첫째, 이 솔루션은 관리하고자 하는 위험(Risk)을 시각화(Visualization)하고 중앙과제화(Centralization)할 수 있어야 한다. 즉 이 분야에 전문가가 아니더라도 쉽게 이해할 수 있도록 대시 보드(Dashboard)화 되어 정보와 콘텐츠를 제공해야 할 것이다. 이 대시 보드는 위험이 어떻게 감지(Sensing)되고 관리되는지를 시각적으로 나타내야 한다.

둘째, 관리하고자 하는 위험의 순위 또는 대상에 따라 사전 경고(Warning), 경보(Alert), 중지(Stop) 등 구체적인 자동/수동 제어(Control) 기능이 있어야 할 것이다. 사고 이전에 예방을 하는 물리적 기능을 말한다.

셋째, 근로자 위험에 대한 제어(Control) 기능뿐만 아니라 보호(Care) 기능도 같이 있어야 할 것이다. 사람은 언젠가 실수를 할 것이다. 이점을 디지털 기술에 반영하여 실수를 방호하고 예방해야 할 것이다.

넷째, 고용노동부, 한국산업안전공단, 학회, 대학 등에서 제공하는 각종 안전정보 및 기술 등이 실시간 지속적으로 솔루션을 통해 사용자에게 자료로 제공되고 콘텐츠로 서비스화되어야 할 것이다. 이런 개념에 벌써 일부 기업은 앱(Application) 형태로 안전관리 행정, 정보 등을 콘텐츠화해서 제공하고 있다. 조만간 시장에서 환영받는 완변한 솔루션은 개발이 될 것이고, 아마도 이 솔루션은 컴퓨터에 적용되는 운영체계(Operation System)처럼 산업계에 표준화가 될 것이다. 즉 스마트 안전시장도 이젠 솔루션을 통해 표준화되고 누군가에 의해 선점될 것이다. 아마도 스타트업(Startup) 회사의 영역이 되리라 생각이 든다. 이를 통해 대한민국에도 스마트 안전 유니콘 기업(기업 가치가 1조원 이상인 비상장 스타트업 기업)의 출현은 시간 문제일 것이다.

◘ 안전기업, 성공의 파트너(Partner)

대략 10년 전 산업계에 스마트 안전기술 열풍이 한창인 시절, 본사에서 스마트건설 안전을 담당할 때 있었던 일이다. 당시 대한민국을 대표하는 통신사들이 너도나도 이미 포화된 국내 통신시장을 넘어 새로운 성장을 위해 비즈니스 모델을 찾기 위해 한참 고민하고 있을 때였다. 당시에 통신사는 통신산업과 관계가 없는 '중대재해처벌법'이라는 사회적 이슈를 지렛대로 통신기술 환경기반 스마트 안전을 시장에 적용하려고 경쟁적으로 기술을 너도나도 개발하던 시절이었다. 통신사, 건설사, 스마트 기술업체(안전기술을 보유한 소규모 안전 스타트업 회사) 3대 축이 되어 같이 컨소시엄(Consortium)을 이루어 스마트 안전 플랫폼을 만들려고 전략적 협력을 경쟁적으로 하려는 시기였다. 당시 우리 회사도 대한민국 최고의 통신사로부터 이러한 목적의 협업을 같이 추진하였고, 이러한 산업 트렌드는 앞으로도 지속적으로 나타날 것으로 보인다. 즉 거대 기업 간 안전산업에 대한 전략적 협력을 통해 또 다른 비즈니스 모델을 창출하려는 노력은 계속될 것이다. 어떻게 보면 안전 관련 특허 기술이 있거나 잠재적인 기술력이 있는 중소기업체 또는 스타트업은 대기업의 전략적 MOU 또는 M&A 대상이 될 수 있다는 것이다. 내가 아는 몇 개의 안전기술 스타트 업체는 이미 글로벌(Global) 기술을 인정받아 외국 기업으로부터 엄청난 가치의 매각을 제의받았다는 소식을 그 회사 CEO에게서 직접 듣기도 했다. 《서울경제신문》의 〈ICT기업, 年44조 재난안전시장 뛰어든다〉를 참조하면, 카카오 먹통 사태부터 SPC 사망 사건 등 연이은 산업 재해에 정보통신기술(ICT) 기업들의 재난 예방 사업이 시장의 관심을 받고 있다. 중대재해처벌법 시행 등으로 기업의 재해 예방과 대응이 어느 때보다 중요해졌기 때문이다. ICT 기업들 역시 5세대 이동통신(5G)·사물인터넷(IoT)·메타버스 등의 첨단 기술을 접목하며 연간 44조 원에 달하는 재난안전사업 시장 선점을 위해 발빠르게 나서고 있다. 최근 행정안전부가 개최한 〈2022 대한민국 안전산업박람회〉에 SK텔레콤·KT·CJ올리브네트웍스·포스코ICT 등 통신사·시스템통합(SI) 기업이 대거 참여했다. 관련 시장의 디지털 전환(DX) 속도가 빨라지고 규모도 커지면서 ICT 기업들이 참여가 늘었다는 분석이다. 행정안전부의 〈2021년 재난안전산업 실태조사〉를 보면 2020년 기준 국내 재난안전산업 총 매출은 43조7319억 원, 관련 사업체는 6만 4141개에 달한다. ICT 업계는 44조 원에 달하는 이 시장의 디지털화에 나서고 있다. 안전 분야의 디지털화는 저지연초고속성을 지닌 5G가 기반이다. 산업 현장은 물론 작업자 개개인에 IoT 센서를 부착해 5G로 실시간 추적하고, 위험 상황을 빠르게 파악해 대응할 수 있도록 한다. 네트워크 기술력을 지닌 통신사들이 안전산업 진출에 적극적인 이유다.[18] 앞선 사례에서 본 바와 같이 이젠 안전은 기업 간 각종 협업뿐만 아니라 새로운 비즈니스 모델 등 다방면의 사업 형태로 산업계를 리딩할 것이며 재난구조, 화재예방, Home Safety, 안전운전 분야 등 일상의 전반에 있어 생활 일부로 성장할 것이다.

안전문화
: Visible, Tangible 하게 구체화하라

■ 안전문화란? 행동양식과 정신적 가치의 합(合)

안전문화란 무엇인가? 안전과 관련된 조직문화일 것이다. 이 것은 사전적 의미이며 누구나 인식하고 있는 너무나 일반적인 내용의 정의이므로 어떻게 보면 기업문화의 정의에 안전이라는 문구만 추가한 것으로 보인다. 물론 틀린 내용은 아닐 것이다. 하지만 저자는 문화보다는 안전을 좀 더 구체적으로 강조하여 이렇게 정의하고 싶다.

> **'안전문화'란?**
> 다양한 위험 상황(Unsafe Condition)과 위험 행동(Unsafe Act) 에 대한 인식과 행위를 불러일으키는 '조직내 공유된 행동 양식 (Behavior Pattern)과 정신적 가치(Psychic Value)'를 말한다.

여기서 저자는 문화 측면의 '행동(Behavior)'과 '가치(Value)'의 의미를 강조하였다. 이미 선진사에서는 오래전부터 안전문화를 언급할 시 '행동(Behavior)'과 '가치(Value)'라는 영어 표현을 자주 활용하고 이와 관련된 각종 절차서와 프로그램(Program)을 개발, 발전시키고 있다. 한 예로 행동기반 안전관리 프로그램인 BBS(Behavior Based Safety)도 이와 관련된 프로그램으로, 선진국에서는 일반적으로 적용하는 안전기법인 것이다.

또한 가치(Value) 측면은 이미 안전을 기업의 가치, 그중에서도 핵심가치(Core Value)로 분류하고 이에 따라 계층별(CEO, 임원, 팀장, 직원 등) 기본 원칙(Basic Principles)과 행동 원칙(Behavior Principles)을 수립하여 그 실행에 정도를 개인의 인사 평가에 반영하는 기업들도 많다.

■ 안전문화 핵심 3요소? : 신념(Attitude), 역량(Capability), 시스템체계(System)

그럼 안전문화를 이루는 구성요소는 무엇일까? 안전문화의 정의를 설명한 자료나 책자는 많으나, 안전문화를 구성하고 있는 요소를 명확하게 설명하는 자료나 책자는 찾기가 쉽지 않을 것이다. 저자는 아래의 도표를 통해서 이점을 설명하고자 한다.

저자는 안전문화를 이루는 3요소를 신념(Attitude), 역량(Capability), 시스템체계(System)로 보았다. 각각 항목에 대한 설명을 차트를 보고 이해하면 될 것이다. 안전문화를 증진하기 위해 막연히 노력하기보다는 차트에서 보는 것과 같이 각각의 요소를 이해하고 우리 기업의 단점을 보완해 가면 좋을 것이다. 각 요소를 단기간에 만족할 만한 수준으로 개선하기는 쉽지는 않을 것이다. 아마도 이를 위해서는 현시점에서 진정성을 가지고 변화와 혁신의 긴 여정이 필요하다. 그만큼 안전문화는 긴 호흡으로 단계별 전략적 접근과 각고의 노력이 필요한 것이다.

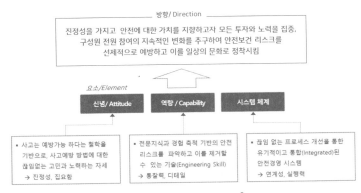

[안전문화의 지향점과 구성요소]

그렇다면 앞서 설명한 각 요소는 어떻게 업무에 반영할 것인가? 이에 대해 기업체마다 접근방식은 다를 수 있으나, 각각에 대해서 저자가 생각하는 개략적인 내용을 정리해보도록 하겠다.

① 신념 : 사고는 예방 가능하다는 전제하의 끊임없는 노력

기업 내 안전을 핵심가치(Core Value)로 인식하도록 CEO가 직접 기업의 방향성을 선도하고 또한 구성원들이 안전에 대해서는 자발적, 의욕적으로 끊임없는 변화 추구와 일상의 문화로 받아들이도록 붐업(Boom-Up)의 분위기를 형성하기 위해 서로 노력한다. 또한 구성원들은 안전에 대한 어떠한 의견도 제안하고 환영하는 기업문화를 조성하며, 구성원 개인들은 안전과 관련된 업무는 자기 완결적으로 수행할 수 있도록 마인드셋(Mindset)을 지속적으로 유지.

② 역량/Capability : 위험을 사전에 예측, 감지, 측정, 예방하는 기술력

사고 예방하기 위한 공종(Process), 시공(Construction), 작업절차(Work Procedure), 작업방법(Work Method) 등 단계별 기술적 경험과 엔지니어링(Engineering) 기반의 위험을 감지(Sensing)하고 정량화(Measuring)하여 근원적으로 위험을 사전에 제거하는 역량을 보유하며, 안전에 있어 최고의 전문지식과 경험을 바탕으로, 안전 위험(Risk)에 대한 정확한 식견과 문제 해결 방안을 제시할 수 있는 역량을 말하며, 이를 위한 지속적인 투자와 노력을 포함.

③ 시스템체계/System : 안전관리하는 유기적인 절차, 제도 등의 운영체계

실행력이 담보되고 지향하는 업에 특성에 맞는 기업 안전경영체계를 수립하고. 이 경영체계에 기반한 사업장/현장에서 적용할 매뉴얼과, 절차서, 지침서 등 전반적인 문서 체계를 구비해야 한다. 이와 더불어 안전경영체계가 작동하도록 관련 부서와의 안전에 대한 역할과 책임 등을 밀도 있게 정의하여 기업 경영의 한 축이 되도록 운영하여야 한다. 또한 대외적인 기조(산업안전보건법, 중대재해처벌법 등)와 트렌드(선진사 사례, 스마트 안전, 우수사례 등)을 선제적으로 반영하여 정기적으로 제정되고 개정되도록 유지.

■ 역할과 책임을 '구조화', '구체화' 하라

앞선 장에서 안전문화와 이를 구성하는 요소들의 의미를 정의하였다. 그럼 이것을 기업에 적용하여 어떻게 일상의 문화로 발전하게 할 것인가? 즉, 안전을 실제 업무방식에 구조화하고 규범화하는 것이 필요하다. 이에 안전을 계층별 리더십 형태로 인식, 실천될 수 있도록 구조화, 구체화해보도록 하겠다. 계층별 역할 및 책임에 따른 행동지표와 이를 바탕으로 구체화한 역할과 책임를 명확하게 정의함으로써 안전이 기업 내 하나의 언어(Language), 기본과 원칙, 나아가 문화로 정착될 것이다.

계층별 각 리더십의 정의와 이에 따른 행동지표는 다음과 같다.

[안전 리더십과 행동지표]

그럼 각각의 행동지표에 따른 구체적인 역할과 책임을 살펴보도록 하자. 이는 기업의 규모나 지향하는 사업 분야에 따라 다소 다를 수 있으나 안전경영에 있어 아주 근간이 되는 역할과 책임 수준으로 이해할 것을 당부드린다.

① Safety Policy & Target 제시

- 실천 가능한 명확한 Safety Policy를 제시하고 공유하며, 지속해서 실행 프로세스를 촉진하고 실천하도록 선도함.
- 목표달성을 위한 중장기 로드맵(Roadmap)을 제시하고 이를 기업 내 경영의 일환으로 정기적으로 관리.

② Top Down의 Leadership 발휘

- 구성원들이 안전을 핵심가치(Core Value)로 인식하고 행동할 수 있도록 높은 수준의 역할과 책임을 부여
- 커뮤니케이션(Communication) 및 기업 경영 의사결정 시 안전경영을 솔선수범하며, 안전경영에 적극적 지원 및 선제적 투자를 실천

③ Safety 여건 조성(조직, 비용, 분위기)

- 구성원들이 안전성과를 창출해 낼 수 있도록 구체적인 실행 전략과 과제를 정의하고, 이에 필요한 여러 가지 여건을 제공하고 지속해서 보완

④ 체계적 Communication 및 Boom Up 조성

- 안전활동에 대해 활력 있고 효과적인 커뮤니케이션 (Communication)을 위해 체계적으로 지속해서 진행
- 구성원들이 안전을 명확히 인식하고 행동할 수 있도록 기준과 절차를 지속해서 전파하고 개선을 주도

⑤ 구성원 리드(Lead), 헬프(Help), 체크(Check)
- 업무를 수행할 때 항상 안전기준을 반영하여 행동할 수 있도록 관련 기준을 사전 확인하여 업무를 지시하고 관리
- 구성원들이 안전을 위하여 위험요소를 적극적으로 찾아내고 안전 준수 여부를 확인

⑥ 구성원 Coaching 및 변화 유도
- 안전 관련 회의, 행사 등에 적극적으로 솔선수범하고, 이를 구성원들이 참여 및 운영하도록 적극 권장, 확인, 독려
- 구성원 간 안전에 대한 책임과 권한에 따른 업무 사항에 대해 명확하게 제시하고 구성원이 참여할 수 있도록 적극 선도

⑦ Safety의 업무 확인/실천
- 업무를 수행할 때 항상 안전기준을 고려하여 행동할 수 있도록 관련 기준을 사전 확인하여 업무를 수행
- 나와 내 주위 사람들의 안전을 위하여 위험요소를 적극적으로 찾아내고 안전 준수 여부를 서로 커뮤니케이션 (Communication)하도록 노력

⑧ 일상의 절차로 적용

- 안전을 회사의 핵심가치(Core Value) 및 업무/생활의 기본과 원칙으로 받아들이고 조직의 안전 방향성을 명확히 숙지
- 지속적 개선을 위해 위험요소를 지속해서 파악하고 의견을 개진하도록 생활 속에 습관화

이렇듯 안전을 문화로 접근하기위해서 안전문화의 명확한 정의뿐만 아니라 일상의 업무에 반영될 수 있도록 역할과 책임을 명확하게 정의하고 제시하여야 할 것이다. 그만큼 안전문화는 몇 명의 선도나 전담 조직의 활동만으로는 한계가 있으며, 리더들의 진정성 있는 고민과 실질적이고 영감 있는 노력이 필요한 것이다.

안전문화 수준 5단계
: World Class 만들기

◘ 안전문화 수준 : 5단계

안전문화는 어떻게 진단하고 그 수준은 어떻게 구분할 것인가? 안전문화를 개선하고 목표를 세우기 위해서 이점은 매우 중요하다. 수준 진단의 점수가 어떻게 나오는 것인지, 아니면 태권도 단증처럼 급(Class)이 있는 것인지, 여기 관련된 기사가 있어 소개하도록 하겠다.

다음은 《이코노믹리뷰》에 실린 〈한라시멘트, '월드클래스 안전문화 도약 캠페인' 전개〉라는 기사로, 흥미롭게도 안전에 대한 수준을 언급한 내용을 담고 있다. 2023년 6월, 한라시멘트는 모든 사업 현장에서 'World Class(세계 최고 수준) 안전문화 3GO 캠페인'을 연말까지 전개한다고 밝혔다. 월드 클래스 안전문화 3GO 캠페인은 '안전문화 향상은 3GO와 함께'라는 슬로건을 걸고 기획된 전사적 안전 캠페인이다. 세부적으로 '3행(行) 3금(禁) 지키GO', '휴먼에러(Human Error) 줄이GO', '안전행동 늘리GO' 등 3가지 테마로 구성된다. '3행(行)'은 작업 전 반드시 지켜야 할 3가지 행동을, '3금(禁)'은 안전 작업에 위배될 수 있는 하지 말아야 할 3가지 행동을 지칭한다. 제조업 현장에서 반드시 준수해야 할 필수 안전 수칙들이다. 이를 위해 한라시멘트는 매년 6월 한 달간 실시해 온 '한라시멘트 안전보건의 달 행사'와 연계해 전사적 캠페인 홍보를 연말까지 진행할 예정이다. 한라시멘트는 2022년 외부 전문 컨설팅 기관을 통해 전사적 안전문화 성숙도 진단에서 최고 5단계 중 3.6단계를 받아, 국내 130여 개 사업장 중 상위 10% 수준(컨설팅 기관 자체 조사 기준)의 평가를 받은 바 있다. 이를 기반으로 한라시멘트 측은 세계적 수준의 안전문화라 일컬어지는 안전문화 4단계 진입을 목표로 전사적 실행 계획을 수립해 가동 중이다. 이 캠페인은 그런 여정의 준비 단계라고 할 수 있다.[19]

이 기사에서 주목할 내용은 'World Class(세계최고수준)'와 안전 문화 4단계 진입이라는 안전수준을 구체적으로 언급한 것이다. 통상 국내에서는 안전문화 정착, 안전문화 달성, 안전문화 확산 등 정성적으로 표현하는 것과 대비해 구체적인 표현으로 목표를 제시한 점에서에 큰 의미를 두고 싶다.

그럼 안전문화에서 수준(Class)은 어떻게 정의하는지 알아보자. 물론 이것을 전문으로 하는 기관이나 컨설팅회사, 기업마다 다를 수 있으나 저자의 경험이나 선진사의 사례 등을 반영하여 다음과 같이 5단계로 정의해 보겠다

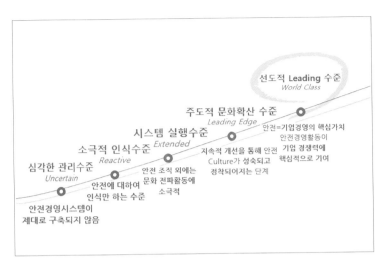

[단계별 안전문화 수준_D&V 자료 일부 반영]

추가로 각 단계(Level)에서의 현상과 안전문화 수준을 느낄 수 있는 조직문화 분위기를 '컬처필(Culture Feel)'이라고 표현하고 관리자와 근로자로 구분하여 설명해 보도록 하겠다.

- **1단계** : 심각한 수준(Uncertainty) : 안전경영시스템이 갖춰지어 있지 않아 문제발생 가능성이 높으며, 사고에 의한 손실(Loss)이 지속해서 많이 발생하는 수준

단계	심각한 관리 수준/★☆☆☆☆
현 상	• 안전보건 경영시스템이 전혀 존재하지 않음 • 법적으로 적발되지 않는 한 평소 안전보건에 투자나 신경을 쓰지 않음 • 그 결과 사고나 이슈가 빈번하게 발생하나 경각심은 변화가 없음
조직문화 분위기 (Culture Feel)	**관리자급 :** • 사고 조사시 누가 잘못을 해서 사고가 발생했는지만이 중요하다고 생각한다. • 안전에 있어서는 안전관리가 전문가이며 안전은 안전관리자의 몫이다. • 순찰시 내가 맡지 않은 지역/구역에서의 불안전 행동을 발견하더라도 이것은 내가 직접 개입할 사항은 아니라 생각한다. • 법에서 요구하는 안전회의나 위험작업을 하다보면 가끔은 부상사고는 피할 수 없다고 생각한다. **근로자급 :** • 위험작업을 하는 경우 100% 사고를 예방할 수 있다고는 생각하지 않는다. • 우리 안전관리자의 행동에 가끔은 반감이 생긴다. • 때때로 나는 위험작업을 완수한 것을 어떻게 했냐고 물어보면 묻지 말라고 얘기한다. • 나는 일을 경제적으로 빠른 방법으로 끝내라고 고용된 것으로 생각한다. • 안전순찰시 지적된 것을 동료나 상급자에게 일부러 얘기하지는 않는다. • 안전행사나 활동에 나까지 꼭 참여하는 것은 큰 의미는 없다고 생각한다.

- **2단계** : 소극적 인식 수준(Reactive) : 안전에 대해 단순 인식만 하는 상황으로, 법적인 수준 내에서 관리가 이루어지며 사고에 의한 손실(Loss)이 지속적 개선되지 않고 있는 수준

Level	소극적 인식 수준/★★☆☆☆
현 상	• 형식적인 안전기준은 있으나, 형식적으로 소통되고 있음 • 평소 기본적으로 안전의 중요성에 대하여 단순 인식만 하고 있는 상황 • 법적인 수준에서 관리방안의 초점을 맞추며, 사고나 이슈는 계속적으로 발생
조직 문화 분위기 Culture Feel	**관리자급 :** • 안전은 인사상의 불이익(승진, 징계)과 연관되기 때문에 안전을 신경 써야 한다. • 사업장에 안전에 문제가 발생하면 그때 나는 현장을 방문하여 확인한다. • 사고를 유발하는 사람은 성향은 따로 있다. 그런 사람을 특별 관리해야 한다. • 안전관리자가 훌륭한 안전 시스템을 도입하면 나는 마음이 놓인다. • 사고가 발생하면 안전관리자가 사고조사를 하고 대책을 마련해야 한다고 생각한다.

조직 문화 분위기 Culture Feel	**근로자급 :** • 나는 안전관리자로부터 감시받는 것은 부당하고 안전규정 위반시 처벌을 위한 것이라 생각한다. • 일을 하면서 안전관리 규정을 다 준수하는 것은 현실적으로 시간이 충분하지 않다고 생각한다. • 우리는 본사에서 사업장/현장을 방문하면 청소를 하는 것은 당연한 것이라 생각한다. • 나는 바쁠 때는 동료가 안전에 대해 문의할 때 묵과하는 경우도 있다. • 많은 안전표지판은 재해를 막는 데 매우 중요한 역할을 할 것이라는 생각이 든다.

• **3단계** : 시스템 실행수준(Extended) : 안전경영시스템이 구축되고, 안전조직의 노력이 있으나, 구성원은 아직은 소극적인 참여 수준

Level	시스템 실행 수준/★★★☆☆
현 상	• 격식을 갖추어 안전보건경영 시스템을 구축하며 프로그램을 운영함 • 안전조직 외 각 부서마다의 안전에 대한 역할과 책임은 제도적으로 명시되어 있지 않음 • 안전보건 조직에서는 사고를 줄이려 노력하지만 아직은 사업장/현장에서는 수동적 참여를 하고 있음

조직문화 분위기 Culture Feel	**관리자급 :** • 안전을 심각하게 취급한다. 왜냐하면 내가 해야 할 일이기 때문이다. • 좋은 안전경영 시스템만이 우리의 안전을 충분히 안전하게 만든다고 생각한다. • 협력업체 선정 시 가능한 안전관리수준이 낮은 업체는 배제하려 노력한다. • 불안전한 행동을 보면 화를 내고 싶다. 이렇게 하는 것이 나의 안전민감도를 보여주는 방법의 하나이기 때문이다. • 해당 업무에 안전 규정이 있을 경우 나 스스로는 이것을 이해하려고 함. **근로자 :** • 나는 불안전 행동을 보면 다른 사람들에게 얘기한다. • 나는 사업장이 깨끗하고 청결하게 유지하는 것은 중요하다고 생각한다. • 가능한 작업장/현장의 안전경고판이 필요할 시 설치해 달라고 요청한다. • 새로운 위험작업 시 매번 안전규정에 대해 나서서 물어보지는 않는다. • 안전관리자가 가끔은 너무 공격적으로 지시하는 것 같은 생각이 든다.

• **4단계** : 주도적 문화확산 수준(Leading Edge) : 정착된 안전 경영시스템을 바탕으로 경영층에서는 안전에 대해 모범을 보이고 적극적이며, 구성원들은 자발적인 참여를 이루고 있는 수준.

Level	주도적 실행 수준/★★★★☆
현 상	• 안전보건 경영시스템이 경영층에서 Top-Down으로 성숙되어 가는 상황 • 경영층이 안전보건에 대한 의식에 모범을 보이고 적극적으로 개입함 • 본사 안전보건 조직뿐만 아니라 사업장/현장 단위에서의 리더가 주관이 되어 자발적인 동기에 의해 구성원들이 참여한다. • 재해율, 사고율 외 안전관련 각종 선행지표(Leading Indicator)가 개발되고 이를 달성하려고 노력함
조직 문화 분위기 Culture Feel	**관리자급** • 나는 안전에 흥미를 느끼고 있고, 그것을 관리하는 데 자신감이 있다. • 나는 동료들보다 더 많은 안전성과를 내려고 노력을 하고 있다 • 사고 재발 방지를 위해 근본적인 원인을 찾으려고 나만의 노력을 한다. • 사고 발생 시 원인에 따라 해당 관리자에게 책임을 물어야 한다고 생각한다. • 안전성과에 대한 측정 방식에 대한 고민과 방법을 찾으려 노력한다. **근로자급** • 나는 우리 작업팀이 안전규정을 잘 준수하는 것을 자랑스러워한다. • 나의 동료들은 새로운 작업 시 안전관리 준수 사항을 나한테 항상 알려 준다고 믿는다. • 다른 회사에서의 사고를 듣고 우리 조직에서 동종 재해가 발생하지 않도록 노력하고 싶다. • 나는 필요한 안전절차를 준수하기 위해 동료들과 함께 얘기하고 필요하면 직접 관여한다.

• **5단계** : 선도적 리딩수준(World Class) : 안전을 최고의 가치(Value)로 정의하고, 이를 바탕으로 기업경영의 경쟁력을 최

고의 성과로 달성하고 있는 수준. 세계적인 안전우수 기업이 여기에 포함될 것으로, 안전에 대한 진정성과 민감도가 일상의 절차에 완전히 체화된 상태를 말한다.

Level	선도적 리딩 수준/★★★★★
현 상	• 회사에서 안전보건을 최고의 핵심가치(Core Value)로 정의하고, 경영성과의 Key Factor로 활용하고 있음. • Excellency In Safety를 통해 기업 경영의 경쟁력을 최고로 달성하고 있음. • Safety Leadership이 직원의 기본 덕목으로 소통되고 제도화되어 있음. • 안전이 기업의 기본과 원칙으로 행동 양식 및 일상의 문화로 표출되고 있음.
조직문화 분위기 Culture Feel	**관리자급 :** • 생산의 편의를 위해서 어떠한 경우에도 안전을 절대 양보/생략하지 않는다. • 새로운 안전관리 방안을 쉽게 생각하고, 적극적으로 이를 받아들인다. • 안전을 위해 항상 새로운 방법을 찾는다. • 나의 근로자들은 안전에 문제가 있으면 항상 사전에 나한테 말해 줄 거라 믿는다. • 안전을 위한 해결책이 처음에는 잘 이행되지 않더라도 이것을 익히고 배우려고 노력한다.

조직문화 분위기 Culture Feel	**근로자급 :** • 회사에서 근로자를 위한 안전행사, 이벤트를 개최하는 것에 큰 자부심을 느낀다. • 작업 전 안전관리 사항을 위해 충분한 시간을 할애한다. • 나의 관리자는 불안전하거나 부적절한 작업지시를 하지 않는다고 믿는다. • 나는 동료들이 안전에 관해 관심을 갖고 이해하도록 지원하고 이것이 나의 일이라고 생각한다.

[안전문화 수준 예시]

안전문화진단
: 측정할 수 있어야 관리할 수 있다

▣ 안전진단 Design 하기

앞서 '3. 안전문화 수준 5단계'에서는 안전문화의 수준을 5단계로 구분하였다. 그럼 이 수준을 어떻게 진단할 것인가. 안전문화 진단은 조직 또는 기업 내에서 안전한 작업환경과 안전 프로세스에 대한 항목별 수준 평가를 수행하는 것을 말한다. 이는 안전한 작업환경을 유지하고 사고 예방을 강화하기 위해 조직이 안전에 대한 태도와 실천을 어떻게 채택하고 있는지를 평가하는 것을 포함하는 것으로, 안전문화 진단은 그 기업의 대상별 안전문화의 항목별 강/약점을 분석하고 개선하기 위한 중요한 도구일 것이다. 다음은 저자가 직접 수행했던 안전문화진단 내용 중 일반인이 궁금해 하는 '①진단항목, ②안전진단 신뢰도 확보, ③설문지 사례, ④안전진단 활용하기' 순으로 실제 예시 중심으

로 설명하도록 하자. 물론 이는 안전문화진단을 전문으로 하는
단체나 기관, 또는 기업마다 다를 것이나 일반 독자 입장에서 이
분야는 쉽게 이해하는 수준의 내용임을 전제로 내용을 공유하도
록하겠다.

① 진단항목 : 무엇을 진단하는가?

진단항목은 선진기업의 진단사례, 해외 진단업체의 진단
항목, 국내 기업의 사례 등을 조합하여 유관부서와 워크숍
(Workshop)을 통해 선정하는 것이 좋다. 유관부서와 같이 진행한
이유는 사전 준비 및 진행 과정을 안전조직이 독자적으로 하기
보다는 관련 부서와 같이 협업으로 진행함으로써 자료에 대한
신빙성과 결과에 관한 관심을 극대화하려는 의도이기도 하다.

항목	정의
1. 계층별 리더십	CEO ~ 직원까지 각 계층별 안전에 대한 행동원칙이 구체화 되어 있으며, 이를 솔선수범하고 그 수준을 지속적으로 관리하고 있는지 여부
2. 인식과 태도	직원들의 안전, 위험에 대한 평소 인식수준과 대응하는 태도는 어느 수준인지
3. 조직과 리소스	안전을 실행하기 위한 전담부서와 전문가를 보유하고 있는지, 또한 필요한 예산 등은 충분히 배정되고 활용되고 있는지 여부
4. 프로세스와 절차	구체적으로 문서화된 절차와 규정이 있으며, 이것이 기업 업무에 있어 기본과 원칙에 따라 실제 잘 적용되고 있는지 여부

5. 관리자 역할과 리드	기업 내 관리자(특히 중간관리자)가 안전문화에 대한 정확한 이해를 하고 있으며 이를 통해 하위 직원들에게 전파하는 노력과 역할 수준
6. 커뮤니케이션 및 교육체계	안전 정보 전달과 교육체계를 운영하며 그 효과를 모니터링 하고 측정하여 지속적으로 그 수준을 개선하는지
7. 사고 및 예방관리	사고에 대한 보고, 조사, 재발방지 대책 전반에 대한 절차가 있고 이를 통해 실질적으로 사고를 줄여 나가고 있는지
8. 협력사 /근로자 관리	교육, 모니터링, 평가 등 전반적인 시스템을 통해 수준을 견인하고 이를 측정, 개선하는지 여부

② 안전진단 신뢰도 확보 : Real Data 확보 방안은 필수

문화진단 결과에 대한 신뢰도를 확보하기 위하여 발생할 수 있는 신뢰도 문제를 도출하고 사전에 이에 따른 보완 방안을 수립하여 적용하였다.

(예상 가능한) 신뢰도 문제	신뢰도 보완 방안
[긍정적 응답 왜곡 /Faking-good] • 자가진단의 경우 의도적으로 긍정적 평가를 많이 하여 결과를 왜곡되게 할 수 있음 • 응답자가 의도적으로 거짓/과장하여 설문 응답을 하였는지 검증 필요	**[Matching 비율 적용]** • 전체 200문항일 경우, 10% 정도 Faking 문항을 구성하고 정답 일치율(일관된 답변 여부)이 있는 설문지만을 활용

[설문 구성의 오류]	[문항 일관도 분석]
• 응답자들에게 측정하고 싶은 것을 정확히 측정할 수 있도록 설문지 구성 • 일관된 성향을 분석할 수 있도록 설문지 신뢰도 분석 필요	• 통계 분석프로그램(SPSS)를 통해 도출된 신뢰계수*적용 • Pilot/Simulation을 통해 보정(Calibration) 실시 *신뢰계수(크롬바알파값) : 측정변수들의 신뢰성을 나타내는 통계지표 신뢰계수가 1에 가까울수록 신뢰도가 높아지며, 0.6이상이면 신뢰도 확보
[On-line 진단 값의 신뢰도 확인 필요]	[일부 Interview 병행]
• On-line으로 진단한 결괏값과 실제 현장/사업장의 수준 격차를 파악하여 신되도를 검증할 필요	• On-line Survey 응답자 중 Targeting/Grouping하여 Gap이 20% 이상(한 단계 문화 Gap)일 경우 결괏값 Default로 처리

③ 설문지 사례 - 설문은 어떻게 디자인하는가?

이 분야가 가장 중요한 분야로 질문의 의도, 난이도, 표현방식 등을 고려하여 앞서 설명한 여러번의 시뮬레이션(Simulation)과 파일럿 테스트(Pilot Test) 과정을 완성하였으며, 아래 사례에서 항목별 대표적인 몇 가지 질문을 공유하도록 하겠다. 실제로는 항목별 대략 10~15정도 질문을 제시하였으며, 같은 질문이라도 대상자(경영층, 관리자, 근로자)에 따라 이해도를 고려하여 난이도를 다르게 하였다. 같은 항목에 대해서 계층별 결과를 비교 분석하였다.

항목	항목별 질문사례 (단순 예시 문장으로 실제 설문지에는 설문의 의도에 따라 부분 편집하여 활용)
1. 계층별 리더십	• 회의 시 CEO가 안전 관련 문제점을 먼저 다루고 의견을 수렴하는 절차에 많은 시간을 할애한다. • 나를 포함한 임원, 팀장, 구성원 각자가 안전관리에 대한 개인별 역할과 책임을 설명할 수 있으며, 나는 상사들이 진정성을 가지고 실천하고 있다고 믿는다. • 나의 상사는 직원들이 불안전한 행동을 하는 것을 목격하면 민감도를 가지고 사업장/현장으로 달려가 안전조치를 요청하고 직접 확인하는 편이다. • 우리 회사는 구성원들이 안전성과를 창출해 낼 수 있도록 제도적으로 책임과 권한을 부여하며 경영층이 직접 필요한 자원과 여건을 제공한다 • 나의 상사는 직원들이 어떤 상황에서도 안전교육, 회의, 모임 등을 빠지지 않토록 업무를 할애하고 결과를 관리한다.
2. 인식과 태도	• 우리 회사는 평소 안전에 대하여 언급하는 편인데, 진정성이 크게 와 닿지는 않는 분위기이다. • 우리 경영층은 사고를 당한 근로자의 건강과 가족을 진심으로 걱정하고 있다고 생각한다. • 우리 회사는 사고가 발생하지 않아 무재해가 유지되는 것을 중요시하며, 사고 소식을 접하면 협력업체나 근로자들에게 우선 잘못을 추궁하는 편이다. • 대부분의 근로자는 안전에 철저한 모범을 보이고 있으며, 안전에 대해 타협을 하면서까지 일을 하는 분위기는 아니다 • 근로자들은 스스로 안전에 대하여 걱정하고 필요한 안전보호구, 교육, 절차 등을 문의하고 요청하는 편이다.

3. 조직과 리소스	• 우리 회사는 안전에 필요한 사항이면 본사에 눈치 보지 않고 시간과 돈을 선제적으로 투자하고 안전을 우선시하는 분위기다. • 나의 상사는 비용이 많이 들어가거나 복잡한 안전 문제에 대한 고민을 회피하는 것 같다. • 본사 안전조직은 충분한 인력과 전문성을 가지고 사업장/현장에 대해 교육, 점검, 지원 등을 하고 있다고 생각한다. • 나는 안전규정 준수를 위한 충분한 교육과 필요한 안전 용품 등을 지원받고 있다. • 우리 회사는 안전 활동의 실행, 유지, 개선을 위해 필요한 자원을 관련 부서(인사, 총무 등)에서 충분히 지원받고 있다.
4. 프로세스 /절차	• 우리 회사는 작업 전에 의무적으로 표준안전작업지침/규정을 검토한 후 작업을 시작하는 편이다. • 가끔 작업허가서 서명이 없이 작업하고 있을 때도 있으나 관리자가 직접 관여하고 제지는 하지 않는다. • 우리 회사에는 표준안전작업지침 작성은 되어있으나, 실제 작업에 활용되지 않고, 작성은 업무수행 경험이 있는 개인이 작성하는 편이다. • 우리는 근로자들에게 필요한 안전절차가 업무에 반영되도록 적극적으로 대화하고 설명하는 편이다. • 나는 사업장/현장에서 안전작업절차서를 잘 활용하고 있으며 동료에게 이를 잘 설명할 수 있다.
5. 관리자 역할과 리드	• 나는 관리자로서 우리 사업장/현장의 안전 방침 및 목표에 대해 근로자에게 잘 설명할 수 있다. • 우리 사업장/현장은 정기적으로 안전목표달성 여부를 지속적을 관리하고 공개적으로 결과를 모두에게 알려 준다. • 나의 관리자는 안전이 업무에 반영되도록 적극적으로 설명하고 잘 마무리 될 경우 칭찬도 자주해 주는 편이다. • 나는 우리 근로자가 안전규정을 잘 이해하고 있는지 수시로 확인하고 결과를 공유하는 역할에 많은 시간을 할애한다.

6. **커뮤니케** **이션 및** **교육체계**	• 안전팀에서 제공하는 안전교육을 통해 안전관리 능력도 지속적으로 향상되고 있다고 생각한다. • 우리 현장에서 실시되는 비상 대응 훈련 덕분에, 화재/비상 사고에 대한 근로자들의 대응 능력이 탁월한 편이다. • 대체로 근로자들이 평소 안전교육 참여에 대한 의지는 없지만, 사고가 발생하면 일시적으로 안전교육에 큰 관심을 가지는 것은 사실이다. • 타 사업장/현장에서 발생한 안전사례를 배워, 비슷한 사례가 우리 사업장/현장에는 발생하지 않도록 충분히 교육을 받고 있다고 생각한다.
7. **사고 및** **예방관리**	• 우리 회사는 사고가 발생했을 때, 대부분 근로자 과실로 귀결하는 편이다. • 근로자는 작은 사고라도 정직하게 보고하며, 우리 회사는 사고와 징계를 분리하여 사고조사로부터 정확한 교훈을 찾으려고 한다. • 우리 회사는 협력업체에 관한 안전사고에 대해 진정성 있는 동기부여가 크게 없는 것 같다. • 나는 현장에 어떠한 사소한 문제라도 사고가 발생한다면 그 즉시 사고보고서를 작성하거나 서면상으로나마 보고할 것이다. • 작업 중 안전 문제가 발견되어 보고하면 그것을 작업반장이나 안전관리자가 신속하게 조치해 줄 것이라 믿는다.
8. **협력사/** **근로자** **관리**	• 나는 협력업체 작업이 완료되면, 안전사 작업방법을 개선할 게 없는지 자주 생각하는 편이다 • 나는 우리 근로자들이 안전에 대한 사항을 스스로 체크하여, 업무에 반영하는지 확인하는 편이다. • 근로자들이 작업 전 작업에 대한 위험성을 잘 알고 있는지 자주 설명하고 질문하는 편이다. • 협력업체가 사고보고 시 질책성 비난보다는 내가 관리자로서 안전조치 사항을 적절히 하지 않았는지 확인하는 편이다. • 나는 협력회사도 안전 발생이 예상되는 경우, 자유롭게 빠짐 없이 보고하고 상의한다고 믿는다.

④ 안전진단 활용하기 : 결과 분석, 전략적 목표 설정

진단대상에 대해 설문지를 구성하고 진단 후 결과에 따라 현재 우리의 수준(Baseline)이 파악되면 이것을 근거로 결과를 분석하고 결과에 따른 중장기 전략적 목표를 설정하여 이를 달성하기 위한 방법론을 내놓아야 할 것이다. 즉 진단 결과보다는 진단 결과에 따른 시사점을 도출하고, 이를 어떻게 개선하여 점진적으로 안전문화 수준을 끌어올릴 것인지가 더 중요하다.

측정한 결과에 따라 우리의 수준이 전체 5단계에서 어디에 있는지는 명확해질 것이다. 특히 개략적으로 우리의 안전문화 수준이 높다, 낮다는 막연한 표현보다는 진단 후에 단계별 정의에 따라 정확히 우리의 수준을 이해할 수 있고, 단계별 조직문화 분위기(Culture Feel)를 통해 피부로 느끼는 수준을 구성원 간 같은 눈높이로 소통할 수 있을 것이다. 또한, 이에 따라 다음 목표단계(Target Level)를 설정하고, 목표로 하는 수준의 안전문화가 어떤 모습인지 알 수 있어 목표달성에 더 쉽게 접근할 것이라 믿는다. 물론 목표가 설정되면 어떻게 달성할 것인지는 그 기업의 노력의 몫일 것이다. 다음은 저자가 실제 안전문화 수준을 진단 후 결과분석과 전략적 목표로 설정했던 템플레이트(Template) 예시로 결과분석과 전략적 목표설정 시 참조하기 바란다.

구분	세부항목	세부사항(사례)

A
 	
결
과
 	
분
석
	수준
	결과
		• 우리는 전체적으로는 5단계 중 00000 Level로
		• 본사와 사업장/현장은 각각 00000 Level이며,
		• 계층별로 보면
		  - 경영층은 0000 Level
		  - 관리직은 0000 Level
		  - 근로자는 0000 Level

	강/약점
	분석
		• 8개 항목에 대한 전반적인 강/약은 다음과 같음
		  - 강점 : 0000
		  - 약점 : 0000
		• 8개 항목별 본사, 사업장/현장의 강/약점은 다음
		  과 같음
		  - 강점 : 0000
		  - 약점 : 0000
		  사업장/현장의 갭(Gap)을 분석하면,
		  0000, 0000
		• 8개 항목별 경영층, 관리자, 근로자별 강/약점은
		  다음과 같음
		  - 강점 : 0000
		  - 약점 : 0000
		  경영층, 관리자, 근로자의 갭(Gap)을 분석하면,
		  0000, 0000

	시사점
	도출
		• 수준결과에 분석에 따른 시사점
		  - 0000, 0000
		  - 0000, 0000
		• 강약점 분석에 따른 시사점
		  - 0000, 0000
		  - 0000, 0000

B 전 략 적 목 표 설 정	Next Goal (다음 목표)	목표로 하는 수준 0000 - 정성적 목표 : 0000 - 정량적 목표 : 0000
	목표 달성 방안	*** '3-2 안전문화 개선 플랫폼 4 단계' 참조** 플랫폼 1단계 - 준비/Preparation 플랫폼 2단계 - 변환/Transition 플랫폼 3단계 - 새로운 문화정착/Internalization 플랫폼 4단계 - (새로운 문화)수준 진단/Survey

[**Template 예시 : 결과분석과 전략적 목표설정**]

Global Leadership & Culture
: 아는 만큼 보인다

■ Global 선진사의 안전 : 무엇이 다를까?

저자는 신입사원 시절 입사하자마자 기회가 되어 해외 근무를 하게 되었다. 그렇게 시작한 것이 무려 10년 이상을 해외에서 안전업무를 전담했다. 당시 세계 여러 나라에 출장을 다니면서 공사 수주를 위한 발표, 회의, 점검 등의 다양한 경험과 기회를 얻게 되었고, 이때 방문하여 직접 경험하게 된 국가가 태국, 말레이시아, 인도네시아, 중국, 베트남, 싱가포르, 바레인, UAE, 사우디아라비아, 쿠웨이트, 이집트, 카타르, 캐나다, 미국, 멕시코 등 당시 플랜트 경기 호황 덕택에 많은 나라의 안전에 대한 인식과 문화 수준을 직접 경험할 수 있었다.

그럼 우리가 흔히 말하는 선진 안전은 우리와 어떻게 다를까? 이 물음을 나라별, 기업별 안전의 수준을 단적으로 비교하여 설명하기는 어려울 것이다. 그러나 우리가 말하는 우수한 안전선 진국, 기업에는 몇 가지 큰 특징이 있는 것이 분명하다. 개인적인 견해일지는 모르겠지만, 저자는 3가지 큰 특징이 있다고 생각한다.

첫째, 세계 어디에서나 Global 조건 및 기준(Requirement/ Standard) 적용.

둘째, 안전보건에 대한 통합적 접근(Integral Approach).

셋째, 근로자를 보호(Caring)의 대상으로 보는 것.

평소 해외 선진사를 벤치 마킹할 때 설명하는 내용과는 다소 생소한 의견일 수 있겠다. 이는 본인이 10년 이상 선진 발주처 및 기업과 직접 같이 업무를 통해 느끼고 학습한 내용으로 그들의 안전에 대한 철학과 접근방식을 3가지로 특징지은 것이다. 그럼 좀 더 자세히 사례를 통해서 살펴보도록 하자.

첫째, 세계 어디에서나 Global 조건 및 기준(Requirement/Standard) **적용**

여기서 중요한 건 세계 어디서든지 일관된 Global Requirement/ Standard를 적용한다는 것이다. 예를 들어 설명하면, 안전의식이 열악한 아시아에 소재한 A라는 사업장/현장도 상대적으로 안전의식이 높은 유럽에 소재한 B라는 사업장/현장의 안전수준 정도의 높은 안전조건과 기준을 적용한다는 것이다. 해당하는 국가의 노동법, 안전기준 등보다 훨씬 상회하는 그들만의 안전보건 조건과 기준을 나라와 관계없이 적용한다는 것이다. 해외 사업, 공사를 하다 보면 자국의 인프라가 아닌 현지 인프라, 즉 현지 인력과 자원을 최대한 활용하는 현지화(Localization) 전략이란 말이 자주 쓰던 시대가 있었다. 그러나 안전은 Localization이 아닌, 그 기업이 요구하는 Global 조건과 기준을 세계 어느 나라이든지 같은 눈높이로 일관되게 유지하려고 노력한다는 것이다. 이는 어떠한 상황에서도 '안전은 타협할 수 없다'라는 안전정책(Safety Policy)이기도 하며 안전 수준을 그 기업의 브랜드(Brand)로 여기는 선진국의 사회적 분위기도 반영이 되었을 것이다.

같은 경우는 아니지만, 중동의 쿠웨이트(Kuwait)에서 근무할 시절에 있었던 사례로 미국, 영국 등 선진국 관리자들과 같이 일할 기회가 있었다. 당시 근로자들은 인도인이었다. 그때 인상 깊었던 기억은 근로자들이 매번 관리자들을 마주칠 때면 우리 한국인 엔지니어들은 별다른 반응을 하지는 않은 것에 비해 미국, 영국인들은 매번 끼고 있던 작업용 장갑을 벗고 직접 꼬박꼬박 악수로 응대를 해 주고 매번 엄지척을 보내던 것이다. 이러한 행동이 별 것 아닌듯 보이지만, 이는 근로자가 안전을 잘 지키는 긍정적 분위기에 적잖은 영향을 주었으며, 근로자를 하나하나 소중한 인격체로 보고 안전의 근간이 되는 '인간 존중' 차원의, '현지 존중(Local Respect)' 차원의 당연한 행동이 몸에 밴 것 아닌가 생각이 든다.

둘째, 통합적 접근(Integral Approach)

안전을 리더십(Leadership, 보이지 않는 것)과 관리(Management, 보이는 것)로 명확히 규정하고 통합적으로 접근하고 개선한다는 것이다. 이를 아주 잘 나타낸 JMJ(미국 휴스턴을 본사로 둔 35년 된 변화와 혁신 및 리더십 코칭 컨설팅 회사로, 현재 한국을 비롯하여 아메리카, 유럽, 아시아, 중동, 오세아니아 등에 걸쳐 있음) Integral Model을 보도록 하겠다.

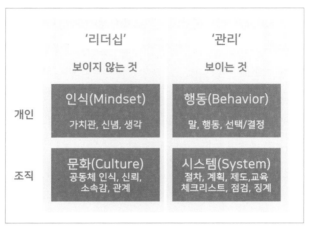

[JMJ_Integral Model]

얼마 전부터 우리나라도 안전관리체계에 시스템뿐만 아니라 리더십, 문화도 같이 중요하게 다루고 있다. 차이점은 Global 선진사는 인식(Mindset), 문화(Culture), 행동(Behavior), 시스템(System) 각각에 대한 매뉴얼(Manaual), 명문화된 프로그램, 교육 커리큘럼(Curriculum), 수준 측정 및 개선기법 등 방법론이 다양하게 발달하여 있다는 것이다. 그만큼 안전을 긴 여정으로 보고 장기적인 관점에 분석과 투자를 하는 것이다.

이와 관련된 한 사례를 보도록 하자. 아래는 JMJ사의 계층별 워크숍과 코칭을 통하여 안전문화를 형성할 뿐 아니라 안전 리더십 역량을 향상하는 무사고 무상해(IIF, Incident & Injury Free™) 프로그램에 대한 방법론을 설명하는 자료로, 앞서 설명한 통합적 접근(Integral Appoach)을 잘 나타내는 차트이기도 할 것이다.

[JMJ_IIF 방법론]

세 번째, 근로자는 보호(Caring)의 대상

즉 근로자를 통제나 관리의 대상이라기보다는 보호를 하는 대상으로 본다는 것이다. 근로자가 100% 안전 규정을 이해하고 이를 100% 준수를 한다고 보기는 어려울 것이다. 그래서 사전에 교육도 하고 필요하면 통제도 하는 것이다. 여기서 중요한 것은 규정을 만들어 근로자가 스스로 안전에 경각심을 가지고 이 규정을 지키도록 하기보다는 안전하게 작업하고 안전을 준수할 수 있도록 근본적으로 작업 방법이나 절차를 개선하는 노력이 우선시되어야 한다.

다음은 필자가 외국에서 근무하던 시절에 있었던 사례로, 당시 이 산업계에 있으면 누구나 다 아는 글로벌(Global) 선진사가 감독을 맡고 우리는 시공사로 공사를 수행한 시절에 있었던 사례이다. 당시에 크레인(Crane) 장비를 이용해 시설물을 드는 작업 도중에 크레인이 무게를 못 견디고 뒷바퀴가 지면에서 30cm 들린 적이 있다. 다행이 크레인 장비는 크레인 조종사의 신속한 조작으로 전도는 되지 않고 바로 정위치를 잡았다. 이런 경우 절차상 '아차사고(Near Miss, 물적, 인적 피해는 없으나 큰 사고가 날 뻔한 사건)' 보고를 해야 하는 것으로, 왜 이런 일이 발생했는지 자체 조사를 해야 하며, 사고 원인분석과 재발방지 대책을 하게 되었다. 당시 사고 조사보고서는 내가 작성을 하고 감독을 맡고 있는 회사에 제출하는 절차로 몇 번을 작성하여 올렸으나, 계속해서 원인분석이 잘못되었다고 보고서를 계속해서 거절(Reject)하는 것이었다. 몇 번째 거절을 당한 후 직접 이유가 무엇인지를 물어보게 되었으며, 계속해서 내 보고서를 거절했던 영국인 안전담당자의 이유는 이러했다.

왜 사고의 원인을 근로자에게 찾느냐는 것이다. 관리자에게서 책임을 찾아야 근본적으로 개선이 되는 것이지 관리자의 지시하에 일을 수행하는 근로자에게서 원인을 찾으면 그것은 잘못된 것이라는 논리였다. 추가로 이 말에 덧붙여, 모든 사고 예방은 작업계획단계(Planning)에서 관리자가 하는 것이라는 멘트로 마무리되었다.

그 영국인의 요청에 따라 사고 조사를 다시 하게 되었으며 애초 밝혀지지 않았던 사실을 통해 원인을 재조사하게 되었다. 사고 원인은 당초 50톤 크레인을 사용하기로 계획이 되어 있었으나 크레인을 섭외하는 과정에 관리자가 이를 확인하지 않아 50

톤보다 인양 용량이 적은 크레인이 들어와 작업을 하다 보니 전도의 2차사고가 발생했던 것이었다. 이처럼 작업계획을 수립하는 단계에서 관리자가 어떻게 관리하느냐가 중요한 사고 예방활동임을 여실히 보여주는 사례인 것이다.

세계에서 가장 안전한 일터, 듀퐁

　선진사 안전관리 벤치마킹(Benchmarking)에서 듀퐁은 단골손님일 것이다. 안전분야의 전문가가 아니더라도 한 번쯤은 듀퐁(DuPont)이라는 기업이 안전문화를 중요시하고 꾸준한 노력을 통해 긍정적인 결과를 얻은 기업 중 하나라는 것은 널리 알려져 있다. Zero Injuries, Dupont Safety Systems(DSS), STOP 프로그램, 컬처 체인지 프로그램, 근로자 참여와 의사 소통 등은 듀퐁을 대표하는 단어들일 것이다. 저자는 이러한 개별적인 시스템이나 프로그램을 이해하는 것도 중요하지만, 듀퐁 자체의 안전문화 역사를 통해 철학과 접근 방식을 이해하는 것이 더 중요하지 않나 생각한다. 이와 관련된 '세계에서 가장 안전한 일터, 듀퐁, 안전, 그리고 듀퐁의 핵심가치' 자료에 이와 관련된 내용이 잘 정리되어 있어 같이 보도록 하겠다.

◼ 듀퐁의 역사와 사업

1802년 기업을 설립하여 지속적으로 경영해 온 듀퐁의 가장 중요한 사업 키워드는 2가지로 압축할 수 있다. 처음 100년은 화약을 제조하고, 그 후 100년은 화학, 섬유, 플라스틱, 건축용 자재 위주의 사업을 진행해왔다. 1990년대 후반부터는, 지속적 인구 증가를 고려하여 앞으로 전 세계가 직면할 Food, Energy, Protection 문제를 해결하기 위한 사업을 추진 중이다.

특히, 듀퐁은 세계 바이오 플라스틱 시장의 선두주자이다. 옥수수 전분으로부터 바이오 PDO(Bio-PDO)를 생산하여 여기서 나오는 제품을 바이오 플라스틱 시장 공략의 핵심으로 내세운다. 이렇게 개발된 제품들은, 태양광 에너지 관련 제품, 자동차 내장재 등에 활용되며 그 영역을 넓혀가고 있다.

◼ 안전, 그리고 듀퐁의 핵심가치

듀퐁의 핵심가치는 크게 4가지로 구성이 되어 있다. 하지만 가장 먼저 나오는 것이 바로 안전이다. 안전이야 말로 듀퐁이 가장 중요시하는 핵심가치이자 듀퐁의 기업문화이다. 안전이야 말로 변하지도, 그리고 타협할 수도 없는 듀퐁의 경영철학이며, 정체성이라고 할 수 있다.

듀퐁이 최초로 세운 공장을 보면, 강가에 자리잡고 있다. 만약 폭발 사고가 발생 시(당시 듀퐁의 제품은 화약/다이너마이트에 집중), 폭발로 인한 파편이 강가 쪽으로 튈 수 있도록 유도하여 인명 피해를 최소화한다는 것이다. 안전을 최우선으로 삼는 듀퐁의 설립자는 공장이 안전하다는 것을 몸소 실천하기 위해 공장 한가운데 집을 짓고 살았다. 1818년, 대형 폭발 사고가 일어났고 듀퐁의 가족들까지 다치게 되었지만, 그는 다시 무너진 집을 세우고 공장 중심에서 사는 것을 고수하였다. 그리고 안전을 위한 다양한 정책을 마련하였고, 직원들을 설득하였다.

이러한 설립자의 진심은 직원들에게도 전해져서 많은 직원들이 강 건너편에서 공장으로 하나둘씩 이사를 오는 등 듀퐁의 핵심가치(안전)에 동참하는 사람이 늘어갔다. 이처럼, 안전이라는 핵심가치는 듀퐁의 설립 역사와 함께할 정도로 오랫동안 이어져 내려오는, 변하지 않는 가장 중요한 가치라고 할 수 있다.

◘ 안전에 대한 듀퐁의 접근 방법

① 위험의 정의

듀퐁이 정의하는 위험 발생 요인은 크게 2가지로 정의된다. 'Unsafe Conditions(불안전조건)'과 'Unsafe Acts& Decision(불안전 행동 및 의사결정)'이 그것이다. 첫 번째, 불안전 조건은 날씨나 작업 환경에서 발생할 수 있는 위험 요소들을 말한다. 예컨대, 결빙이나 복잡한 작업 환경 등에서 비롯되는 위험들이다. 두 번째, 불안전 행동 및 의사 결정은 구성원들(직원과 관리자)로부터 발생하는 위험요소들이다. 안전 장비 미착용이나, 부주의, 그리고 위험한 작업 진행 방법 등이 바로 그것이다.

② 리더십과 지속적 훈련의 중요성

이처럼 안전을 저해하는 요인을 예방하기 위해서는 안전에 대한 조직적 관점에서의 접근이 중요하다. 가장 중요하게 여겨지는 것이 바로 리더에 의한 솔선수범(Leadership by example)과 지속적 훈련(Practice Consistent Procedures)이다. 매뉴얼의 존재만으로는 안전을 유지하는 것이 불가능하다. 직접 실행하고 지속적으로 개선해 나가는 것이 중요하다. 이러한 원칙을 리더가 앞장서서 직원들에게 보여줘야 한다. 리더가 먼저 움직이지 않으면 조직의 구성원들 또한 움직이지 않는다. 이것이 전제되어야 불안전 요소의 철저한 예방과 신속한 대응이 가능하다.

③ 위험 요소 최소화를 위한 대응 단계

총 4가지 단계 (Reactive ⇨ Dependent ⇨ Independent ⇨ Interdependent)로 이루어져있다. 예를 들어 설명해 보자. 작업현장에 사고를 유발할 수 있는 부서진 사다리가 있다. 이때의 대응에 적용해 보자.

첫 번째, 가장 낮은 수준의 단계는 매뉴얼/경영진의 관여가 전혀 없이 본능(Natural Instincts)적으로 대응하는 단계(Reactive)이다. 이때 부서진 사다리를 보고 직접적인 대응(교환/수리)을 하기보다는 단순히 부서진 사다리를 사용하지 않는 것이다.

두 번째는 관리자 감독/단순 매뉴얼에 의한 수동적 위험대응 단계(Dependent)이다. 부서진 사다리를 매뉴얼에 맞게 안전한 곳으로 옮기는 것이다.

세 번째는 단순 매뉴얼 대응을 넘어서서 향후 발생 가능한 위

험 요소를 개인적(self) 차원에서 예방하는 단계(Independent)이다. 이때는 부서진 사다리를 치우고 새로운 사다리를 가져다 놓는 것이다.

마지막 단계는 개인적 차원에서 벗어나 모든 사람의 안전을 위하여, 부서진 사다리를 다른 사람들이 다시 사용하지 않도록, 새로운 사다리로 교체하고, 부서진 사다리를 수리하는 것까지 포함한다. 위험 요소를 원천적으로 없애는 단계(Interdependent)이다.

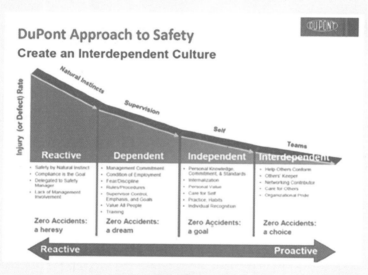

[▲ 위험 요소 최소화를 위한 대응 4단계]

■ 듀퐁의 10대 안전 원칙 (Safety Principles)

듀퐁의 10대 안전 원칙을 살펴보면, 라인 매니지먼트의 책임감을 강조하고 있다. 앞서 말한 바와 같이, 리더들의 솔선수범이 가장 중요하다는 말이다. 라인 매니지먼트가 현장의 안전에 대한 책임을 가짐으로써, 구성원들의 안전에 대한 공감대를 형성할 수 있는 토대를 만들고, 이에 따른 직원들의 적극적인 참여가 수반되어야 비로소 안전한 일터를 만들 수 있는 것이다. 그리고 퇴근 이후의 안전까지도 중요하게 생각하고 있다. 구성원들의 '24시간 안전 생활화'가 직장 내 안전으로 이어질 수 있다고 강조하는 점은 듀퐁만의 안전 철학이라고 할 수 있다.

DuPont Safety Principles

DUPONT

1. All injuries and illnesses can be prevented.
2. Management is responsible.
3. All operating exposures can be controlled.
4. Safety is a condition of employment.
5. Training employees to work safely is essential.
6. Audits must be conducted.
7. All deficiencies must be corrected promptly.
8. Employee involvement is essential.
9. Off-the-job safety is an important part of the safety effort.
10. Safety is good business.

[듀퐁의 안전 원칙]

■ 안전을 기업문화로......

듀퐁은 1960년대부터 'Safety Training Observation

Program(안전 교육 관찰 프로그램, STOP)'을 운영하고 있다. 다른 사람이 안전하지 못한 상황을 발생시켰다고 판단했을 때, 발견 즉시 안전 교육을 받을 수 있도록 하는 프로그램이다.

직원들 스스로가 모든 일과 활동(everyday activities) 간, 안전하지 못한 상황을 스스로 판단하고, 시정하는 능력을 향상시킴으로써 안전사고를 사전 예방하고자 하는 것이다. 이 프로그램은 교육 대상자를 이원화(라인매니지먼트와 직원들)하여 운영하고 있다.

첫 번째, 라인 매니지먼트 대상으로는 작업자와 업무를 잘 관찰하여 안전하지 못한 행동을 예방하고, 안전의식을 높일 수 있도록 도와준다.

둘째, 직원들에 대해서는 모든 일과 활동에 있어서, 안전에 기반한 행동 원칙(Behavior-based safety)을 교육하고 있다.

그렇다면, 안전을 단순히 제도나 시스템으로 보는 것이 아닌, '문화'로 구축한 듀퐁의 다양한 사례를 살펴보자.

우선, 듀퐁을 방문한 외부 사람들은 상호 인사를 마치고 나서 회의를 하기 전, 듀퐁 직원들로부터 비상구는 어디 있는지, 화재가 발생하면 어떻게 해야 하는 지 등 사고 발생에 대비한 설명을 들어야만 한다. 또한 사무실 안전 조치, 예컨대 직원들이 걸려서 넘어지는 것을 예방하기 위해 모든 문턱을 없앴고, 화재 방지를 위해 곳곳에 휴대용 소화기/랜턴을 비치해 놓았으며, 90도로 꺾이는 복도 코너에는 반드시 볼록거울을 설치해 놓아서 직원들끼리 부딪치지 않도록 조치를 취했다. 그리고 직원들은 필기구 통에 연필을 꽂아 넣을 때에도 뾰족한 부분이 아래로 가도록 해야 한다. 날카로운 부분에 찔릴 염려가 있기 때문이다. 아울러 국가에서 발급해 운전면허증도 듀퐁에서는 쓸모가 없다. 회사에서 발급하는 별도의 면허증을 발급받아야 회사 안에서 운전할 수 있다. 직원들은 사내 운전 전문가와 사내 주행을 한 뒤 합격해야 '듀퐁 면허증'을 받을 수 있으며, 이 면허증이 없으면 사내로 개인차도 가지고 들어올 수 없다. 또한, 매년 안전 운전 검사를 위한 세부항목별 테스트를 받게 된다. 이 테스트에서 통과해야 면허증을 갱신해 준다. 뿐만 아니라, 해외 출장 시 안전이 검증된 호텔에서만 숙박을 할 수 있다. 또 일부 국가의 경우 택시 조수석을 제외하면 안전벨트가 없는 경우가 있는데, 이때 출장자가 2명일 경우에는 택시를 2대로 나눠 타서, 출장 시 반드시 안전 벨트를 멜 수 있도록 장려하고 있다. "Free Hands, Open Eyes"라는 슬로건을 내세워 STF(Slips, Trips & Falls, 넘어지거나 헛딛거나, 미끄러짐) 캠페인을 실시하고 있다. 두 손은 핸드폰, 시야를 가리는 과도한 짐, 뜨거운 커피나 노트북 등에서 자유롭게 하며 (Hands Free), 두 눈은 얼음판, 주차장 바닥의 기름 등 위험 요소를 잘 살피어(Open Eyes) STF사고예방을 하고 있다. 그리고 위험 발생이 최소화될 수 있도록, 모든 직원들의 책상에 "Committed to Zero"라는 스티커를 붙여놓고 항상 안전에 대해 인지하고 행동할 수 있도록 한다. [20]

Chapter.3

안전 경영 전략가
'백억 코치'의 제안
: Just do it!

안전문화 Shift :
Safety Journey 4단계

　오래전 안전문화를 포도주와도 같다고 설명하는 것을 들은 적이 있다. 포도주를 만들듯이 습도와 온도를 지켜 가며 오랫동안 숙성해야 해야 한다는 것이다. 그만큼 정성을 가지고 오랫동안 각고의 노력이 필요하다는 점을 표현한 것이다. 즉 앞서 '안전문화 : Visible, Tangible하게 구체화하라'에서 설명한 3가지 구성요소(Element), 즉 '신념(Attitude), 역량(Capability), 절차(System)'를 단기간에 만족할 만한 수준으로 끌어올리기는 쉽지 않을 것이다. 아마도 이를 위해 현시점에서 조직이 변화와 혁신의 긴 여정(여기서 여정이란 긴 기간을 강조하는 것이 아니라 그만큼 단계별 전략을 가지고 준비하는 것을 강조함기 위함이다. 같은 맥락에서 선진사에선 'Safety Is a Long Journey'라는 표현을 자주 쓰곤 한다)이 필요할 것이다.

　이번 장에서는 실제 기업체에서 6년간('10년 ~'15년) 어떻게 안전문화를 도입, 준비, 전파, 확산, 진단, 개선의 중장기 로드맵을 성공적으로 운영하였는지를 단계별 설명하도록 하겠다. 독자의 이해를 돕기 위해 연차별로 여정을 제시하도록 하겠다.

◘ 1단계. 안전문화도입 : 혁신을 위한 환경조성 : 2010년

대략 2010년쯤으로, 당시 회사내 직원들의 안전에 대한 생각은 안전은 안전관리자만의 역할이지 우리가 직접 참여하는 것은 아니라는 인식이 팽배하였고, 사고가 발생할 때마다 "또 터졌네", "신문에 우리 회사 사고가 나왔네" 등 남의 일 대하듯 했다. 경영층 또한 사고 발생 시 별다른 전략이나 예방책을 고민하기보다는 사후처리에 집중하는 수준이었다. 즉, 안전문화 수준(Part2 2-2 참조)이 5단계 중 2단계인 '사후관리수준(Re-Active)', 즉 안전에 대해 인식 정도만을 하는 수준으로, 법적인 수준 내에서 안전관리가 이루어지며 사고에 의한 피해(Loss)가 지속적 개선되지 않고 있었다. 실제 당시 안전에 대한 실적을 보더라도 해마다 평균 3~5건의 중대재해(사망)가 발생하고 있었으며, 몇 년간 재해가 줄어들지 않는 추세였다.

가장 시급한 건 사고를 당연한 것으로 받아들이는 분위기로, 직원들의 안전에 대한 인식 전환이 우선적으로 필요해 보였다. 그런 기업 분위기에서 마침 당시 몇 년간 사망사고가 줄어들지 않자 새롭게 부임한 CEO께서 안전사고가 지속적으로 발생하는 원인 중 하나로 아직 올바른 안전문화가 정착되지 않았다는(당시에는 사고 보고의 대책에 안전문화가 정착되지 않았다는 것은 단골 메뉴처럼 사용했다. 구체적인 세부 방안 없이 구호성으로 내놓은 대책 수준이었다) 안전 조직의 내부보고를 받고. 평소 안전에 관심이 많은 CEO께서 직접 회사 내 안전문화 전반에 대해 '원점(Zero Base)'에서 검토하고 선진사의 우수한 안전문화를 도입하라는 긴급 지시가 있었으며, 이러한 지시에 따라 안전부서는 타 부서와의 여러번 협의를 통해 안전에 대한 인식변화를 위한 기업 내 환경변화를 위한 일련의 활동을 전개하게 되었다.

첫째, 맨 처음 시행한 활동은 안전에 관한 관심과 인식을 혁신적으로 고취하고자, 즉 안전이 회사의 '기본과 원칙'이라는 안전원칙(Safety Policy)을 표명하기 위해 우리 회사 고유의 안전 로고(Safety Logo)와 안전 슬로건(Safety Slogan)을 디자인하여 전 직원 명함, 안전모, 근무복에 문양으로 새겨, 모든 직원이 쉽게 안전을 접할 수 있도록 일상에서의 안전에 대한 접근성과(Accecibility)와 가시성(Visibility)을 강화한 것이다. 이를 통해 대부분 기업이 사용하는 안전제일이라는 통상의 로고가 아닌 우리 회사 고유의 안전 로고인 'Safety Is Our Most Valuable Asset(안전은 우리의 가장 고귀한 가치)'라는, 나름 안전에 '자산(Asset)'이라는 표현을 처음 도입하게 되었다. 물론 나중에 자산(Asset)이라는 표현은 다시 '가치(Value)'라는 표현으로 글로벌 트렌드(Global Trend)에 맞게 발전시켰다. 개인적으로는 아직도 나는 당시 회사의 명함을 가지고 있는데, 그 안전을 강조한 고유의 로고와 문양이 선명하게 새겨져 있어 볼 때마다 어떻게 그런 생각을 했을까 생각하곤 한다. 당시에 회사 대부분은 명함에 회사의 주력 매출상품이나 회사의 슬로건을 새기는 예는 있었으나 안전문구를 새긴 사례는 아마

당시 대한민국 최초가 아닌가 생각이 든다.

둘째, Safety Moment(모든 회의 전 안전을 주제로 한 내용을 5분 내외로 매번 참석자가 돌아가면서 발표하는 규칙)를 의무화하여 회의의 종류와 관계 없이 모든 회의 전 안전을 먼저 생각하고 분위기를 환기하도록 하여 안전을 일상의 언어처럼 사용하도록 하였다.

셋째, 모든 위험한 작업은 반드시 사전에 안전전문가의 검토와 승인을 받도록 하였다. 즉 사전에 안전하게 계획된 작업만 하도록 절차를 개선하였다. 외국에서 말하는 'Planned Work Only(사전에 계획된 작업만)'의 안전원칙을 적용한 것이다. 당시 이것을 포싱 메커니즘(Forcing Mechanism), 즉 안전을 절차로 거치지 않으면 더 이상의 다른 절차를 진행할 수 없도록 강제화한 것이다.

넷째, 모든 리더를 대상으로로 안전 리더십(Safety Leadership) 개선 프로그램 시행하였다. 당시에는 안전 리더십이라는 언어가 생소한 시절로, 통상 '안전 마인드(Mind)'라는 말은 많이 사용하였다. 리더십은 안전 마인드와는 강도면에서 근본적으로 다를 것이다. 안전 마인드는 안전을 먼저 생각하고 안전을 준수하겠다는 사람의 자세를 말하는 거라면, 안전 리더십은 본인이 직접 안전의 중요성을 인식하고, 챙기고, 실천하며, 스스로 솔선수범을 통해 다른 사람을 안전하게 일하도록 리딩(Leading)하라는 적극적 역할을 말하는 것이다. 당시 안전 리더십 교육 프로그램이 국내에는 없던 시절이라 외국계 회사의 자료를 받아 자체 제작하여 이 프로그램을 운영하였다.

마지막으로 안전 매뉴얼(Manual)의 일반화였다. 즉 필요한 사람 누구나 쉽게 접하고, 이해할 수 있도록 매뉴얼 형태도 핸드북

(Handbook), 이북(eBook), 포스터 등 다양한 형태로 하였으며, 매뉴얼 볼륨도 사용자별 서머리(Summary), 원시트(One-Sheet) 또는 여러 버전으로 하여 사용자 중심으로 전면 다채롭게 제작하였다. 즉 사용자가 원하는 형태를 자유롭게 선택하여 활용할 수 있도록 한 것이다.

이러한 노력을 통해 기존 대비 직원들의 안전에 대한 선입견과 참여는 자연스러워졌으며, 안전이 일상의 업무로 거부감 없이 쉽게 접할 수 있는 분위기로 인해 조직 문화가 눈에 띄게 개선되었다. 즉 회사 내에 자연스럽게 안전에 대한 붐업(Boom-Up) 분위기가 형성되었다.

■ 2. 안전문화 확산 : 시작은 CEO 리더십 : 2012년

앞선 과정을 통해 안전문화 확산을 위한 붐업(Boom-Up) 분위기 조성 및 실행을 위한 환경을 만든 후 구체적인 안전문화를 기업문화로 전파하기 위해 먼저 CEO가 생각하는 안전비전(Safety Vision)을 선포하였으며, 비전에 따른 'Excellence in Safety'라는 구체적인 목표도 CEO가 직접 설정하였다. 그리고 이 목표가 구호성으로 끝나지 않토록 이를 달성하기 위한 CEO, 임원, 팀장, 직원별 행동원칙(Principle of Action)으로 명문화하였다. 즉, 안전문화를 달성하기 위한 모든 직원의 구체적인 역할을 회사 절차 내 명문화했다. 명문화된 행동원칙은 직원들 모두에게 일상에서 상시 접할 수 있게 컴퓨터 마우스 패드, 컴퓨터 스크린세이버(Screen Saver) 및 사내 포스터 등을 통해 회사 및 현장에 전면적인 홍보를 하였으며, 특히 임원과 팀장들의 안전문화 행동원칙의 실적은 개인별 인사평가에 항목으로 반영하였다. 이러한 활동을 통해 기존에 안전이 막연하게 중요하다는 인식수준이었으나 이 젠 직원 하나하나 안전문화 정착을 위해 무엇을 해야 하는지 본인 스스로 구체적으로 이해하고 설명하는 수준을 넘어 스스로 참여하려는 노력이 눈에 띄게 개선되었다. 이로써 기존에는 안전문화가 어느 집단, 조직만의 역할이라는 인식에서 우리 모두의 역할과 책임이라는 기업 내 분위기를 통해 실제로 행동으로 발현되었다.

■ 3. 안전문화 진단 : 강약점 분석, 약점 채우기 : 2013년

안전문화가 회사 내 기업문화로 도입되고 정착되는 과정이 전면적으로 전개됨에 따라 우리의 전반적인 수준을 파악하고 항목별 강·약점을 분석, 좀 더 구체적인 개선점을 도출할 필요가 있었으며, 특히 직원들에게 우리가 현재 어떤 모습인지를 나타낼 필요가 있어 안전문화의 수준 진단을 진행하게 되었다. 문제는 당시 국내에서 기업문화를 진단하는 사례는 종종 있었으나 안전문화를 진단하는 경우는 공식적으로 접할 수가 없었다. 당시 외국 컨설팅 회사 자료, 선진사 외국기업들의 자료 및 본인의 외국 경험, 그리고 팀원들의 각고의 노력으로 드디어 성공적인 준비와 진행을 하게 되었으며, 그 과정에서 구성원들의 안전기획력, 타 부서와의 협업 역량, 안전진단에 대한 전문성은 기업의 엄청난 자산이 되었다. 그중에서도 새로운 분야를 스스로 해

내었다는 자부심은 제일 큰 소득이었다. 저자는 그런 점에서 기업에서는 처음에 어려움이 있더라도 기업체 스스로 자력으로 준비하고 진행하는 것을 권하고 싶다. 물론 외부 전문기관에 의뢰하여 진단의 공정성을 보다 냉철하게 확보할 수 있지만, 결국 진단 결과를 가지고 개선을 하는 과정은 결국 기업 자체의 몫일 것이기 때문에 처음부터 기업이 자체적으로 준비하는 것을 권하고 싶다.

진단 내용 준비, 진단그룹 선정, 진단 수행, 결과 분석, 개선안 수립, 개선 모델 운영 순으로 진행하며, 당시 진단결과 발표는 이 분야가 임원들에게는 어렵고 생소하기에 PPT보다는 진단 준비, 실시 결과 분석 과정을 15분 내외의 영상물로 제작하였다. 또 진단 결과는 전체 임원 회의 시 동영상으로 보고하였다(당시 일부 기업이 기업문화 진단을 외국계 전문기관을 통해서 하는 경우는 있었으나, 안전문화를 기업 스스로 진단한다는 것은 매우 획기적인 진일보한 사례였다). 진단결과를 통해 우리의 수준을 알게 되었다는 표면적인 성과도 있었겠지만, 더 큰 성과는 안전조직에 대한 회사 내 다른 조직의 인식이 획기적으로 바뀐 것이고, 이는 발표 이후 여러 사례를 통해 직접 느낄 수 있었다.

■ 4. 안전문화 개선 플랫폼(Platform) : 2014년~2015년

안전문화 수준 진단 결과에 따라 전반적인 수준과 대상별(CEO~임직원), 항목별 강·약점이 분석되면, 이를 개선하기 위한 전략적 계획을 수립해야 할 것이다. 즉 어떻게, 어떤 방법으로

어떤 기간을 통해서 개선을 할 것인가에 대한 로드맵을 말한다. 이는 크게 4가지 플랫폼으로 운영하며, 다음의 순서이다.

1. 준비 : Preparation
2. 변화 : Transition
3. 새로운 안전문화정착 : Internalization
4. 수준진단 : Survey

저자가 여기서 플랫폼이란 표현을 쓴 이유는 개별 단계가 이해관계자들 간의 적극적인 참여와 상호소통이 활성화되어 시너지(Synergy)를 내는 것이 절대적으로 중요하다는 취지에서 각 단계를 플랫폼이라 개인적으로 명명한 점 이해 바란다. 각각의 플래폼에서의 주요 활동은 다음과 같은 순서와 항목으로 진행하였다.

[안전문화 개선 플랫폼 4단계]

이 안전문화 개선 플랫폼 4단계의 흐름은 통상의 기업문화 개선 방법과 절차는 아마도 비슷할 것이다. 다만 기업에서 단계별 세부적인 활동사항을 어떻게 채워 나가느냐가 것이 중요할 것이다. 이를 위해 안전문화 개선 플랫폼에서는 2단계에서 모델사업장(Best Practice) 운영을 통해 실제 직간접 체험을 통해 안전문화를 습득하고, 전파하고, 목표하는 안전문화가 어느 수준이 달성되면 이를 인정해주며, 시스템 통해 사업장/현장 간 상호 구체적인 목표의식을 명확히하였다. 목표달성을 위한 노력하는 하는 과정에서 직원 간 팀워크(Team Work)가 놀라울 정도로 좋아지고, 이를 통해 안전문화뿐만 아니라 기업문화도 한층 시프트(Shift)된 것도 간과할 수 없는 부수적인 결과였던 것이다.

그럼 구체적인 단계별 세부적인 실제 사례를 다음 장인 '3-2 안전문화 개선플랫폼'에서 같이 보도록 하겠다.

안전문화 개선
플랫폼 4 단계

이번 장에서는 앞선 '3-1. 안전문화 Shift : Safety Journey 4 단계'에서 안내한 안전문화 개선 플랫폼 4단계를 통해 기업이 안전문화 진단으로 강·약점을 파악한 후에 어떻게 약점을 보완하고 개선해 나아가는지를 실제 사례를 통해 보도록 하자. 참고로 각 단계에서의 세부적인 활동 사항은 기업마다 다르게 활용될 수 있을 것이다. 중요한 것은 이 안전문화 개선 플랫폼을 일부 조직이 아닌 전사 차원에 장기적인 전략을 가지고 진행해야 한다는 점이다.

■ 플랫폼 1 : 준비단계 : Preparation

　• 안전문화를 개선할 기업 내 임시조직 구성 및 1차 개선방

안 작성(TF Team 구성 및 **최초** 개선안 수립) : 안전문화 개선을 위한 계획을 수립하고 실질적으로 전파 역할을 직접 할 조직으로 본사 및 현장 부서별(인사, 총무, 생산, 현장 등) 1명 이상으로 선발해 15명을 구성하여 진단결과 및 개선점에 대한 1차 워크숍을 진행한 후 '1차 개선방안'을 도출하였다

- **기업 내 각 계층별 개선 초안에 대한 오픈 커뮤니케이션 실시**(계층별 매스커뮤니케이션 진행 : TF Team이 진단결과로 도출한 '1차 개선방안'를 가지고 경영층, 팀장급, 관리자, 직원 각 계층을 분과 단위(대략 50명 내외)로 개별 설명회 및 토론회(최초 개선사항에 대한 Q/A 및 의견 개진 등)를 진행하였다. 이때 계층별 대상에 맞게 이해를 돕기 위해 발표할 내용 및 수위 조절을 해야 할 것이다. 즉 경영층에게는 경영층의 문제점 중심으로 하여야 할 것이다.

- **최종 개선방안을 확정** : TF Team은 '1차 개선방안'과 오픈 커뮤니케이션을 통해 얻은 토론회 자료를 근거로 8개 항목별(계층별 리더십, 인식과 태도, 조직과 리소스, 프로세스와 절차, 관리자 역할과 리드, 커뮤니케이션 및 교육체계, 사고 및 예방관리, 협력사/근로자 관리) 개선사항을 TF Team팀원들 2차 워크숍(한 번의 워크숍으로 결과를 내지 못하면 3차, 4차 직속적인 워크숍을 진행해도 되겠다)을 진행하였으며, 이때는 '최종 개선안'을 도출해야 하는 만큼 피상적인 대책이 아닌 실질적인 근본적인 대책을 도출했다. 이 과정을 통해 향후 개선사항에 대한 조직별 역할과 책임 또한 명확하게 합의가 되었다.

■ 플랫폼 2 : 변환단계 : Transition

- **최종 개선안을 적용할 모델 사업장(Best Practice) 운영** : 최종 개선안을 적용할 사업장을 선정하고 적용하기 위해 우선 100개 현장 중 5개 대표적인 현장(평소 안전평가를 통해 안전의식이 높은 현장 특히 현장소장이 리더십이 우수한 현장으로 선정)을 선정하여 TF Team이 일주일간 상주하면서 '최종개선안'에 대한 설명회, 토론회, 교육, 사례시연 등을 통해 우수 안전문화 모델현장, 즉 Best Practice 현장을 구축하였다. 어느 현장의 경우 수준에 따라서는 1주일이 아닌 1~2주 추가 상주를 통해 만족할 만한 수준의 Best Practice 현장이 될 때까지 TF Team이 상주하여 안전문화를 지원하고 구축하는 업무를 수행하였다.

- **모델 사업장 Best Practice 체험/전파 활동 전개** : 5개 Best Practice 현장을 중심으로 하여 전국 100개 현장을 5개 권역으로 Grouping 하여 나눴다. 각 100개 현장은 해당하는 권역의 Best Practce 현장에서 '안전문화 체험프로그램'(5일 과정으로 Best Practice 현장의 일일, 주간 안전 사이클 및 현장의 안전교육, 안전점검, 현장소장 주관 안전회의 전반에 대한 실제 참관 및 Q/A 진행)을 몸소 체험하고, 실습을 통해 이해하고 익힌 후 본인의 현장으로 복귀 후 본인 현장에 모델 사업장(Best Practice)을 적용하도록 하였으며, 이것을 매뉴얼(Manual)로 세부 절차화하여 누구나 쉽게 익히고 적용할 수 있도록 했다. 이 과정은 2년간 진행하였으며 이를 통해 전체 사업장의 안전문

화 수준은 급속도로 상향 평준화되었다.

◻ 플랫폼 3 : 새로운 문화정착 단계 : Internalization

• 우수 안전문화 사업장 인증제 운영 : 2단계 과정을 수행한 현장들의 안전문화 수준을 측정하고, 또한 현장 간 우수한 케이스(Case)를 서로 경쟁시키기 위해 본사주관 안전문화 인증제도를 시행하였다. 이를 위해 인증단을 구성하였는데, 이 인증단은 사내 안전조직, 임원, 팀장들과 국내 안전문화 전문가(대학교수, 안전공단, 노동부 등 다양한 분야로 10명 Pool로 구성)로 구성하여 '안전문화 인증단'이라는 이름으로 발족하였다. 인증단의 인증분야는 안전문화, 법규, 시설물, 근로자 관리의 총 4개 분야로 구성하였으며, 당시로는 국내 이러한 인증단 구성 및 인증분야를 세분화한 사례가 최초였다. 특히, 그 조직의 전문성과 규모는 국내 어떤 안전문화 전문가 모임이나 기관보다도 대규모였다. 나중에는 국낸 안전문화 전문가팀에 들어오고 싶은 전문가가 많아졌으며, 최대 15명까지 인력 pool을 확대하였다. 전문가들끼리도 이 Pool에 소속되어 서로 인증단 활동을 통해 다른 분야를 서로 발전해 나아갈 수 있는 계기가 되었다. 이 인증은 현장에서 신청이 오면 인증단을 구성하여 약 2일간 신청한 현장에서 진행이 되었으며, 현장소장, 중간관리자, 근로자, 협력사별 심층면담 및 실사를 통해 진행되었고, 현장에서 4개 분야 모두가 통과하여야 최종 안전문화인증을 결정하

였다.

- **회사 경영목표(KPI)로 운영** : 이러한 안전인증 제도는 3년간 전체 현장 인증을 목표로 진행하였다. 3년간 연도별 20%, 40%, 40%로 하여 전 현장을 대상으로 100% 인증목표를 진행하였다. 3년간 100% 인증목표는 회사 연간 KPI(Key Performance Indicator)로 하여 전 직원의 관심과 노력을 통해 달성하게 되었다. 이러한 인증을 위한 준비과정을 통해 본사나 현장 구성원들의 안전문화 목표달성을 위한 노력은 일상이 되었으며, 목표달성을 통해 현장 구성원 간 팀워크는 눈에 띄게 개선되었다. 이제는 안전문화가 회사 내 정착되어 일상의 문화와 가치로 발현된 것이다.

◻ **플랫폼 4** : (새로운 문화)**수준진단 단계 : Survey**

- **계층별 안전문화 재진단** : 안전문화 개선 마지막 4단계로 전체 100개 현장에 대한 인증제를 통해 안전문화 수준이 얼마나 상향되었는지 진단을 진행하였으며, 전 직원 대상 당시 총 7,000명 대상, 8개 항목(계층별 리더십, 인식과 태도, 조직과 리소스, 프로세스와 절차, 관리자 역할과 리드, 커뮤니케이션 및 교육체계, 사고 및 예방관리, 협력사/근로자 관리)에 대해서 On/Off 설문조사 및 타깃그룹(Target Group)에 대해서는 실제 인터뷰도 진행하였다. 또한 의도적 긍정평가(Faking Good) 검증 및 통계분석프로그램(SPSS)을 적용하여 공정성과 신뢰도를 높였다. 아울러 임원, 팀장, 직원들에게는 다면 평가를 진

행하여 서로 인식의 갭(Gap)을 분석하였다. 진단결과, 다소 전문분야이지만 개략적인 설명을 하면, 최초 진단에 비해 1) 아직까지도 구성원들의 안전 리더십 발현까지는 일부 개선점이 보였으며, 2) 계층별, 조직 간 명확한 행동원칙 및 규범으로의 업무절차의 개선이 필요했고, 3) 현장소장과 구성원 간의 안전 리더십 성향의 차이가 확연히 존재, 4) 우리 회사 대비 협력업체의 안전문화 공감대 형성은 아직은 많은 갭(Gap)이 존재함을 알게 되었다. 특히 4번 항목인 협력업체의 안전문화 공감대 형성의 갭(Gap)은 가장 큰 과제가 되었으며 이를 더 깊이 확인하고 개선점을 파악하고자 협력업체 대상 추가적인 안전인식(Safety Perception)도 조사를 하게 되었다.

● 안전인식도 조사 : Safety Perception

국내에는 익숙지 않은 안전인식도(Safety Perception) 조사는 현재 직원들이 수행하는 안전문화에 대한 노력의 인식과 협력사들이 느끼는 인식도를 조사하는 것이다. "믿는 것이 행동하는 것(Believing Is Behaving)"이라는 말이 있다. 관리자와 근로자가 안전문화를 각각 어떻게 인식하고, 생각하고 있는지에 대한 갭(Gap)을 찾아 그 원인을 제거하고 간극을 줄이는 것이다. 쉽게 설명하자면, 회사와 직원의 안전문화 활동 수준을 근로자로부터 평가를 받는다. 즉 안전문화라는 상품에 대해 근로자로부터 고객 만족도를 물어보는 것이다.

당시, 우리는 관리자와 근로자를 대상으로 하여 우리가 지향하는 안전문화의 지향점과 이에 따른 각종 제도와 활동에 대한 우리의 생각과 근로자의 실제 생각의 갭(Gap)을 찾을 수 있었으며, 근로자로부터 생각지도 못했던 해결 방법도 직접 들을 수 있었다. 고객, 즉 근로자가 거부하고 불편하면 안전은 문화로 정착될 수가 없다. 지금까지 장황한 사례와 경험을 통하여 안전문화를 설명했다. 이는 좋은 기업문화를 조성하기 위해서는 바람직한 안전문화가 중요함을 강조하기 위함이다.

앞선 설명과 사례를 통해 안전문화를 어떻게 개선할 것인가를 '긴 여정(long Journey)'이라는 표현을 통해 안내하였다. 그만큼 안전문화는 기업 내 특정 분야만 바꿔서 되는 것이 아니라 서로 복잡하게 얽혀있는 다양한 조직, 제도, 시스템의 변화가 있어야 한다. 이러한 변화는 리더만이 가져올 수 있을 것이다. 기업의 안전문화를 만들어 가는 과정에서 CEO의 'Safety Leadership'의 발휘가 절대적이기 때문이다.

안전관리 전략 3단계
- 1단계 : 안전경영체계 구축 -
: '핵심 안전 인프라 구축'

■ 전략적 판을 잘 깔아야!

해마다 대부분의 기업체들은 중장기 미션(Mission), 비전 (Vision)을 통해 해당년도 경영목표와 이것을 달성하기 위한 전략 방향을 수립하고, 이 전략방향을 달성하기 위한 전략과제를 수립해야 할 것이다. 이와 마찬가지로 안전전략도 기업의 조직역량, 전략방향, 대내외 정책변화와 트렌드 등을 반영하여 같은 방식으로 진행할 것을 추천하고 싶다. 그중에서도 중요한 것은 해마다 수립하는 전략과제일 것이다.

그럼 안전은 어떻게 전략적 사고 기반으로 중장기 단계별 과제를 도출하는 것일까? 대부분의 기업에서 이 문제를 해결하기위해 기업 내 기획력이 있는 인력을 안전부서에 선임하거나 외부 채용 등을 통해 안전기획팀을 신설하는 사례가 많아지고 있고, 특히 중대재해처벌법 적용에 따라 최근 기업 내 안전기획력에 대한 니즈(Needs)는 대세적인 추세이다. 기획력이 없는 안전조직은 대내외 변화와 혁신을 주도하는 데 한계가 있기 때문이다. 이와 관련 하여 이번 장에서는 앞서 기술한 '2-2. 안전문화 : Visible, Tangible하게 구체화하라'에서 정리한 안전문화의 3대 요소 중 '시스템체계/System', 즉 시스템 구축과 이에 따른 단계별 세부 추진 과제 사례를 통해 핵심 전략과제를 논하도록 하겠다. 본 내용은 기업체가 안전경영체계를 전략적으로 어떻게 준비하는지를 저자가 실무자로서 실제 사례를 중심으로 기술한 실례로, 기업마다 또는 이를 담당하는 안전전문가마다 접근방식이나 이해의 차이가 있을 것이다.

저자는 안전을 단순히 관리체계가 아닌 경영의 프레임(Frame)으로 재편하고 구조화하려는 기업의 접근 방식과 눈높이의 필요성을 강조하고 싶다. 다만 앞서 부연한 것과 같이 기업의 산업형태, 조직구성 등 처한 상황이 다르므로 각 과제의 사례는 방법론에서 맞다 안 맞다 하는 식으로 정답을 찾기보다는 하나의 사례연구(Case Study)로 이해할 것을 추천한다. 기업의 안전관리체계를 수립하고 운영하여 안정화하며, 이를 통해 실적을 구현하는 과정은 크게 3 단계로 정리할 수 있다. '1단계. 안전경영체계 구축', '2단계. 전사 실행력 확산', '3단계. 안전경영 정착'으로, 이 3단계 수준은 중장기 안전시스템과 문화 수준이 최종에는 그 회사의 경영경쟁력으로 발전하는 단계를 말한다.

그럼 3단계별 주요 전략과제를 아래와 같이 정리해 보도록 하겠다. 또한, 각각의 과제를 달성하기 위한 협업부서도 기술해 놓았다.

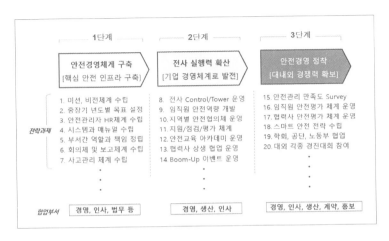

[3단계 전략과제 20선]

■ 1단계 : 안전경영체계 구축 : 핵심 안전 인프라 구축

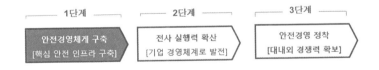

   시스템체계 구축은 통상 안전주관부서가 중심이 되어 경영, 인사, 법무와 같이 협업으로 수립하는 것이 바람직하다. 특히 최근 중대재해처벌법 적용에 의한 기업 경영 리스크(Risk) 사항도 이 시스템체계에 반영이 되어야 하므로 경영, 법무, 인사의 참여

는 절대적이다. 그럼 시스템체계 구축 단계시 핵심과제별 포함될 주요 사항을 정리하고 일부 과제의 사례는 서식(Template)을 통해 이해를 돕도록 하겠다.

전략과제1. 안전 미션, 비전체계 수립

기업이 지향하는 안전 철학, 방향, 추진 전력을 구체화하여 이해가 쉽도록 도식화하여 수립하며, 특히 그 기업의 미션, 비전체계와 형태나 구조는 같은 방식으로 할 것 추천하겠다. 수립 후에는 임직원들이 쉽게 접할 수 있도록 배너(Banner), 홍보물, 포스터(Poster) 형식으로 지속해서 홍보, 교육, 게시 등 부가적인 노력이 더 중요하다.

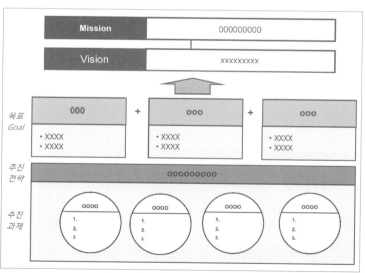

[Template 예시 : 안전 미션, 비전]

전략과제 2. 중장기 연도별 목표설정

　현시점에서 3~5년간 단계별 안전목표를 설정하는 것으로, 달성, 목표하고자 하는 재해율(결과지수) 달성뿐만 아니라 단계별 안전을 추구하는 모습, 이루고자 하는 수준, 성장하고자는 이미지도 같이 구체적으로 표현하는 것이 중요함. 이것을 도출하기 위해 본사 및 현업의 구성원들, 관련 부서와 충분한 워크숍(Workshop)을 통해 안전부서만의 목표가 아닌 우리 모두의 목표(Our Target)로 도출하는 것이 중요할 것이다. 연간 목표는 월간, 분기 단위의 추가적인 점검과 실적관리가 필요할 것이며, 목표 미달시 반드시 캐치업 계획(Catch-Up Plan)을 수립하여 목표달성의 열정과 스탠스(Stance)로 지속해서 관리해야 한다.

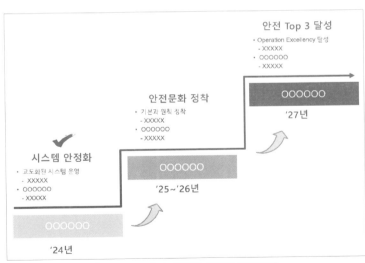

[Template 예시 : 중장기 연도별 목표설정]

전략과제 3. 안전관리자 HR 체계 수립

안전관리자 채용, 육성, 평가에 대한 인사관리 체계(인사팀과 반드시 협업으로 수립할 것), 즉 단순 스태핑(Staffing)이 아닌 HRM(Human Resource Management) 체계를 수립하는 것을 추천한다. 가능한 기업이 원하는 안전관리자의 인재상도 같이 수립하는 것이 좋다. 최근 중대재해처벌법의 적용에 따라 안전관리자의 역할과 책임이 기존에 전문성뿐만 아니라 리더십 또한 중요한 업무 역량으로 주목받음에 따라 안전관리자에 대한 인재상을 수립하여 구성원 간 지속적으로 커뮤니케이션(Communication)하는 것이 중요할 것이다.

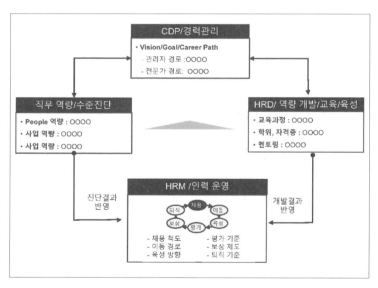

[Template 예시 : 안전관리자 HR 체계 수립]

전략과제 4. 시스템과 매뉴얼 수립

시스템과 매뉴얼 수립은 기업의 산업 분야, 사업 규모, 안전을 추구하는 수준 등 케이스가(Case)가 너무나 다를 것이다. 이에 저자는 개인의 의견보다는 일반적으로 적용하는 글로벌(Global) 예시를 배경 설명과 함께 공유하도록 하겠다.

대략 2000년 당시 해외 프로젝트 입찰을 담당한 나는 Global 선진사의 공사를 입찰하기 위한 수주를 지원하는 업무를 수행했다. 발주처의 안전관련 요청사항(Requirement)과 가이드라인(Guideline)에 따라 시공사로서 어떻게 안전을 수행할지 안전계획서(Safety Plan)를 준비하는 업무를 맡았다. 당시 세계적인 에너지 회사인 Shell사의 입찰을 준비할 기회가 있었다. 발주처인 Shell사의 가이드라인(Guideline)에 있는 'Safety Management System' 차트(Chart)을 보고 당시뿐만 아니라 지금에도 이 차트가 안전시스템을 가장 유기적으로 잘 표현했다고 생각하고, 개인적으로는 아직도 이 차트를 자주 활용하곤 한다. 일반 기업체에서도 시스템체계 구축 시 활용할 것을 적극 추천하고 싶다.

차트를 보면 안전을 모르는 일반 경영인이라도 항목마다 우선순위와 어떤 프로세스로 각각 연결되었는지를 쉽게 이해할 수 있을 것이다. 여기서 눈여겨서 볼 것은 차트상 'Leadership and Commitment'가 시작이면 시스템의 기본(노란색 배경으로 표시)으로 표현한 점이다. 당시 이 차트를 접한 게 1994년도 버전(Version)임을 감안하면 오래전부터 안전에 있어 Leadership을 얼마나 중요하게 다루는지를 알 수 있을 것이다.

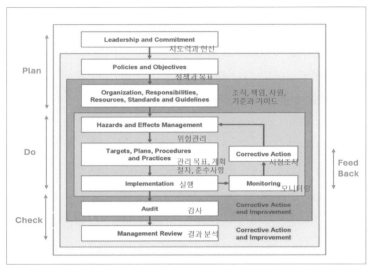

[HSE Management System Framework : Shell Canada Limited]

전략과제 5. 조직 간 역할과 책임 수립

조직 간 역할과 책임은, 안전시스템을 어떤 조직이 어떤 역할을 가지고 유기적으로 협업을 통해 운영할 것인지에 대해 명확히 하는 것이다. 가능한 조직 내 대부분의 부서가 역할을 할 수 있도록 관련성 있게 분배를 하는 것이 그 기업의 안전조직의 역량일 것이다. 안전은 어느 한 부서의 역할에 집중시키는 것보다는 기업 내 많은 부서가 전문성을 기반하여 조직적으로 연결된 것이 합리적이다.

전략과제 6. 회의체 및 보고체계 수립

'5'번 항목에 따라 정례회의, 정례보고 등 회사 전결규정을 수립한다. 특히 중대재해처벌법과 시행령상 본사 사업주/경영책임자의 역할과 책임 사항을 반영하여 전결규정에 문서화 한 다음 준수하도록 해야 한다. 사업장/현장이 속한 지역별 해당 지역 및 광역 고용노동부와 안전보건공단 담당자 공식 연락처도 비상대응 절차서에 같이 관리해야 할 것이다.

전략과제 7. 사고관리체계 수립

사고에 정의, 분류를 명확히 하고, '사고조사 ⇨ 원인분석 ⇨ 재발방지대책 수립 ⇨ 타사업장/현장 조치결과 피드백(Feed Back) 전반에 대한 절차를 수립'한다. 기업마다 사고의 정의와 분류는 각 기업이 안전관리를 하고자 하는 수준에 따라 다를 것이다. 차트는 기업에서의 사고를 어디까지 관리하는 것이 좋을지, 즉 일상에서 사고를 어떻게 감지하고 관리할지를 잘 나타내고 있다. 차트 내 니어미스(일상에서 발생하는 아차사고, Near Miss)와 위험발생(Dangerous Occurrence)의 관리의 중요성을 같이 참조하기 바란다.

중대재해처벌법에서 해당하는 기업의 최근 발생한 사고에 대해 기업이 수립한 재발방지대책이 적용되고 있는지, 특히 중대재해처벌법 조사를 받고 있는 사고가 기존에 발생한 사고와 유사한지는 중대재해처벌법 위반 여부에 크게 반영되고 있으므로, 사고관리체계 수립 및 준수 여부가 매우 중요함을 강조하고 싶다.

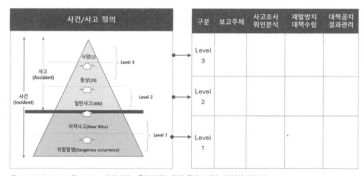

사건/사고 정의	구분	보고주체	사고조사 원인분석	재발방지 대책수립	대책공지 결과관리
Level 3 →	Level 3				
Level 2 →	Level 2				
Level 1 →	Level 1		.		

중 상 : 초기 진단 12주 이상   아차사고 : 물적/인적 피해 없으나 또는 미약한 사건 Case

위험발생 : 아차사고 까지는 아니나, 위험한 현상, 상황, 행동 등이 발생한 Case

[Template 예시 : 사고관리 체계 수립]

안전관리 전략 3단계
– 2단계 : 전사 실행력 확산 –
'기업경영체계로 발전'

■ 2단계 : 전사 실행력 확산 : 기업경영체계로 발전

1단계인 핵심안전 인프라를 구축하였다면 이젠 본격적으로 기업경영의 한 축으로 발전해 나가고 궁극적으로는 안전경영의 실행력을 확산해 나가야 할 것이다. 이때부터 본격적으로 재해율 감소와 같은 보이는 실적뿐만 아니라 안전에 대한 인식을 재고해 나아가야 할 것이다. 이때 가장 핵심은 '전사 Control Tower' 운영일 것이다. 이를 통해 전반적인 실행력을 경영진이 직접 점검하고 문제점을 계획적으로 개선해 나갈 수 있기 때문

이다. 그럼 이 단계에 필요한 전략과제들을 살펴보도록 하겠다.

전략과제 8. 전사 Control Tower 운영

시스템과 매뉴얼이 실질적으로 운영되면서 기업의 안전이 일상의 기본과 원칙으로 정립되어 가는 과정은 무엇보다도 중요할 것이다. 여기서 중요한 것은 Top Down의 Drive, 즉 경영층의 리더십(Leadership)일 것이다. 이를 시행하기 위해서 경영층이 참여하는 Control Tower를 운영하고 이를 통해 기업 내 임원 레벨(Level)에서 솔선수범의 리더십을 발휘하는 것이다. 실제 사업장/현장에서는 임원, 소장, 공장장 등 상위 사업장 단위 최고층 리더의 안전에 대한 평소 철학, 생각, 행동을 통해 그 직원들이 안전에 대한 민감도가 정해질 것이다. 직원들의 안전의식은 그 조직의 리더보다 더 높을 수는 없다는 말이 있다. 그만큼 Step II에서 리더의 역할이 절대적이다. 통상 안전 Control Tower는 '안전보건위원회', '안전 스티어링 미팅(Steering Meeting)', '안전경영회의' 등으로 운영이 될 수 있다.

전략과제 9. 임직원 안전역량 개발

임직원의 안전역량 강화를 위해 이에 맞는 교육체계가 필요하다. 교육은 단순히 이벤트식의 정신교육, 역량교육보다는 중장기 안전목표 달성에 필요한 역량에 따른 교육목표(Goal)를 수립하고 여기에 필요한 커리큘럼(Curriculum)을 수립하고 과정을 개설하여 운영하는 것을 추천한다. 특히, 최근 중대재해처벌법이 중소규모의 협력사에까지 적용됨에 따라 협력사를 위한 교육도 개발하는 것이 좋을 것이다. 또는 최근 일부 기업에서는 직원 대상 안전관련 자격증 취득을 필수로 하거나 승진 자격에 반영하는 예도 있으며, 일부 직원에게는 관련된 인센티브도 적용하여 안전에 필요한 기본 역량 습득을 인사제도에 반영하는 경우도 있다.

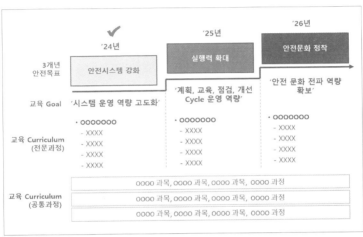

[Template 예시 : 임직원 안전역량 개발 체계]

전략과제 10. 지역별 안전협의체 운영

아무리 안정화된 시스템이 일관되게 적용되어도 사업장/현장별 수준차는 발생하고, 이 수준차를 극복하고 '상향수준평준화' 전략이 필요할 것이다. 이를 위해 사업장/현장을 권역별, 지역별 그룹화(Grouping)하여 그 그룹 내 리더(시니어급 안전관리자)를 선정하여 그 리더가 맡은 그룹(group) 내 사업장/현장 간 협의체를 운영하여 상호 지원하고 점검하도록 하는 게 중요하다. 본사에서 일일이 사업장/현장의 문제를 파악하고 지적하기보다는 협의체 내에서 서로 문제와 해결책을 찾도록 자율적으로 협의체를 운영할 수 있게 본사에서 지원해 주어야 한다. 이를 통해 상호 같은 입장에서 문제점에 대한 실질적인 대안을 교류하고, 이를 통해 서로 배울 수 있고, 또한 시니어 리더의 리더십과 조직의 팀워크 (Team work)가 크게 향상될 것이다.

전략과제 11. 지원/점검/평가 체계

안전관리에서 가장 기본이 되는 본사의 역할 중 하나는 사업장/현장의 문제점을 파악하고, 지원하고, 잘하고 있는지 점검하여 서로 평가하는 일련의 절차일 것이다. 저자는 이것을 'Lead 〉 Help 〉 Check L.H.C 사이클(L.H.C Cycle)'이라 하고 싶다. 어떻게 현장/사업장을 견인하고 목표하는 수준으로 높이느냐에 대한 절차일 것이다. 새로운 제도나 절차가 만들어지면 본사가 먼저 사업장/현장에 홍보, 품평회, 시연 등을 통해 의견을 듣는 일련의 과정은 리드(Lead)이며, 이후 사업장/현장에서 이것을 운영, 적용함에 어려움은 없는지 직접 도와주어야 할 것이다. 도와주는 방법은 교육지원, 인력지원, 비용지원, 시현 및 코칭 등이 있을 것으로 이것을 통틀어 헬프(Help)라 할 수 있다.

마지막 체크는 실제 냉철하게 점검을 하는 것으로, 이 결과(이 때 중요한 것은 보이는 문제보다는 근본적인 원인을 찾아야 할 것이다)에 따라 필요하면 추가적인 Help를 할지 아니면 다른 조치를 할지를 결정할 것이다. 기업에서는 이러한 LHC 체계를 통해 지속적인 수준 향상을 달성할 수 있다.

전략과제 12. 안전교육 아카데미 운영

'9. 임직원 안전역량 개발' 항목이 주로 중장기 안전목표에 따른 계층별 역량 계발 프로그램이라면, 안전교육 아카데미 Academy) 또는 캠퍼스(Campus)는 임직원뿐만 아니라 협력사 직원들도 사용할 수 있는 On/Off상 교육 인프라(Infra)를 말하는 것으로, 산업안전보건법 및 중대재해처벌법에 따른 법정교육뿐만 아니라 일반적인 안전 오리엔테이션(Orientation), 업무에 필요한 가이드라인(Guideline), 위험예지훈련, 공종별 안전교육 등을 말한다. 그리고 이는 기업의 IT 시스템 내에서 운영하여 교육 대상자가 학점 운영제 형식으로 의무교육과 선택과목으로 진행된다. 기업 내 IT인프라가 있으면 커리큘럼을 자체 제작하거나 안전공단에서 필요한 자료를 다운받아 업로드해서 운영하면 될 것이며, 중요한 것은 교육대상자를 선정하고 알려주며, 교육을 받고 이수증을 주는 등의 행정 서비스가 중요할 것이다. 일부 기업은 협력사의 현장소장이 선정되면 현장소장 부임자 교육을 알려주고 이수 후 전자 이수증을 발부해 지속적으로 이력을 관리해주는 제도가 이와 같은 사례일 것이다.

전략과제 13. 협력사 상생 협업 운영

기업체의 안전보건 시스템이 안정화되기 위해서는 실제 일을 하는 협력사의 안전보건 시스템도 어느 정도 수준이 되어야 할 것이다. 물론 협력사 자체에 안정적인 안전보건시스템이 있을 수도 있고 없을 수도 있을 것이나, 우선은 기업체의 안전보건 시스템을 협력사가 같은 수준으로 잘 준수하고 사용할 수 있는 것이 중요하다. 이를 위해 협력사를 지원해 주고 이끌어 줄 제도가 있어야 한다. 특히 최근 중대재해처벌법이 거의 모든 협력사에 적용됨에 따라 협력사와의 안전보건 체계의 협업은 중요한 기업의 가치로 주목받을 것이다. 즉 기업체 입장에선 수준 있는 협력사를 선택하여 같이 일하는 것도 중요하지만, 협력사가 안전보건 시스템을 잘 준수하도록 리딩(Leading)하는 기업역량도 중요하다. 건설업의 경우 업의 특성상 대부분의 일을 협력사에서 하다 보니 오래전부터 협력사의 역량, 책임이 중요시되어 협력사 지원 체계 사례가 많다. 아래의 내용은 중대재해처벌법을 앞두고 협력사 안전상생 패키지(Package)의 사례로 중장기적으로 일관되게 어떻게 협력사와 상생의 방향성을 선정할 시 참조하기 바란다.

구분	시스템 구축 지원 (체계 구축 /운영)	협력사 교육 지원 (Mind Set /역량)	Communication 정례화 (선순환 발전 도모)
시기	'22년 하반기	'23년 상반기	'24년 ~
항목	• 협력사 안전보건 시스템 구축 가이드라인 설명회 (협력사용 안전보건 시스템 템플릿 제공)	• CEO 안전보건 간담회 — 협력사 CEO • 협력사 계층별 교육 — 협력사 임원, 팀장 • 협력사 소장 부임자 교육	• 격월 안전보건 웹진 정례화 • 분기 사고 재발방지 토론회 정례화

전략과제 14. Boom-Up 이벤트 운영

'13. 협력사 상생 협업 운영'이 협력사 본사 중심의 제도라면 붐업(Boom-UP) 이벤트는 근로자 중심의 제도를 말한다. 흔히 말하는 근로자 중심의 각종 '감성안전 활동'과 실질적으로 근로자가 참여하는 '근로자 안전 참여 활동'으로 나눌 수 있을 것이다. 주로 매월 하는 안전행사 때 진행하는 경우가 많으며, 중요한 것은 감성적으로는 일관되게 진정성 있게 진행하는 것이 중요하며, 최근 중대재해처벌법상 근로자의 의견을 청취하는 시행령과 의무 사항도 준수할 수 있도록 근로자가 안전에 참여하여 의견을 낼 수 있게 제도를 운용하여야 할 것이다.

이같은 근로자 Boom-up 이벤트는 워낙 방대할 것이므로, 몇 가지 사례를 안내하도록 하겠다.

구분	감성안전 활동 (근로자 심성관리)	근로자 안전참여 활동 (필요시 당사자 인센티브 적용)
항목	• 겨울/여름나기 캠페인 　― 동절기, 하절기 근로자용 물품 제공 • 감성 편의시설 제공 　― 안전 카페(휴게실), 냉/온 취침실 • 가족에게 편지쓰기 캠페인 　― 안전관련 가족에게 손편지 쓰기 • 현장 근로자용 간식차 운영 　― 근로자용 무료 간식차 운영 • 관리자와 근로자의 스팀십 안전밥상, 상견례, 족욕식	• 안전조치 요청제 　― 위험 판단에 따라 안전시설물 등 요청 • 위험작업 거부/중지제(Work Stop) 　― 위험상황 판단에 따른 작업 거부권/중지 • 안전제안 제도(Safety Suggestion) 　― 우수사례, 개성방안 제안 • 안전경진대회(Safety Festival) 　― TBM, 교육, 점검 등 우수 사례 발표 • 본사 안전위반 신고제 　― 안전관련 본사 직속 신고제

안전관리 전략 3단계
– 3단계 : 안전경영 정착 –
'대내외 경쟁력 확보'

■ 3 단계 : 안전경영 정착 : 대내외 경쟁력 확보

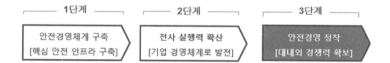

　마지막 단계인 3단계에서는 앞선 1, 2 단계를 거쳐 기업 내 안전경영이 기업경영의 한 축으로 반영되고, 이를 통해 실질적인 안전성과를 내는 시기를 넘어 이제는 안전이 기업경영의 경쟁력으로 발휘되는 단계를 말한다. 저자는 개인적으로는 이 단계가 우리가 원하는 안전경영이라고 생각한다. 즉, 안전경쟁력이 가시화되어 기업 존속의 핵심 역할을 해야 하기 때문이다. 이와 관련해서 3단계에서는 안전경영이 좀 더 선순환으로 발전되고,

하나의 기업 아이덴티티(Identity)로 타 기업과 차별화되도록 전략과제를 수립해야 할 것이다.

전략과제 15. 안전관리 만족도 Survey

안전시스템과 각종 제도를 적용하다 보면 의도한 수준으로 운영이 될 경우가 있고 아니면 그렇지 않은 경우가 있다. 이런 경우 문제가 무엇인지, 또는 사용자의 VOC(Voice)가 무엇인지를 정량적으로 확인하고 필요한 의견을 듣는 안전만족도 Survey를 하는 경우가 있다. 상대를 고객으로 보고 안전시스템에 대한 고객 만족도 조사하는 것이다. 참고로 안전문화 수준 진단은 구성원들의 안전에 관한 생각과 참여 등 수준을 진단하는 것으로, 서로 조사하는 목적은 다를 수 있다. 저자는 안전관리 만족도 Survey를 정기적으로 진행할 것을 추천하며, 계층별 다면평가를 통해 서로 어떤 니즈(Needs)를 가지고 있는지와 객관식보다는 주관식을 통해 직접적인 유용한 의견을 받은 경우가 많다. 이러한 안전관리 만족도 Survey는 어쩌면 직접적인 간담회나 회의의 소통방식보다는 더 유익한 경우가 많고, 그 과정 자체로 참여자가 안전관리에 대해 다시 한번 자기 생각과 의견을 정리할 수 있다는 것에 큰 의미를 둘 수 있겠다.

전략과제 16. 임직원 안전평가 체계 운영

구성원의 안전관리 참여를 제도적으로 독려하기 위해 일부 기업체에도 기존에 관련 제도가 있었으나, 최근 중대재해처벌법상 기업에서 이를 제도화하여 대부분의 기업에서는 이와 관련된 제도가 있을 것이다. 크게 보면 안전을 인사평가상 크게 허들(Hurdle), 어드밴티지(Advantage), 인센티브(Incentive)로 적용할 것으로, 아래의 사례를 보도록 하겠다. 개인적인 의견이겠지만 허들(Hurdle)은 역량계발 차원에 개인 인사에 적용하고 어드밴티지(Advantage), 인센티브(Incentive)는 해당 사업장/현장 전체에 같이 적용하여 안전은 구성원들의 팀워크(Team Work)에 의한 결과물임을 강조할 것을 추천한다.

전략과제 17. 협력사 안전평가 체계 운영

가격경쟁력이 있고 안전관리를 잘하는 우수한 협력사와 같이 일을 하는 것은 누구나 원하는 비즈니스 상식일 것이다. 그러기 위해서는 앞서 설명한 협력사와의 상생 협업도 중요하지만, 기업체 입장에서는 사전에 검증하고 평가하여 오랫동안 사업비즈니스 파트너로 서로 성공적인 관계를 유지하는 제도가 필요할 것이다. 중대재해처벌법에서도 기업체가 안전관리를 잘하는 협력사를 사전 선별하고 평가하도록 법규화하였다.

다음은 건설업 협력사를 등록하고, 평가하고, 재계약 하는 일련의 과정에 안전을 어떻게 적용하는지에 대한 실제 관련 제도이니 참조하기 바란다.

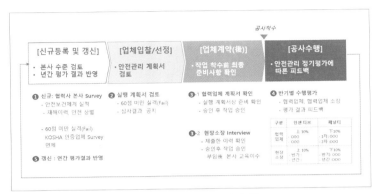

[건설사 협력사 평가 체계 사례]

전략과제 18. 스마트 안전 전략 수립

최근 안전업계도 4차 산업 기반의 각종 혁신기술을 접목하여 안전관리체계를 디지털(Digital)로 재편하는 노력이 가속화되고 이와 관련된 각종 정부의 정책과 방향성도 법적으로 제시될 것으로 보고 있다. 결국 4차 산업의 발전은 안전관리의 발전을 견인할 것이고, 이를 통해 위험을 감지하고 사전에 예방하는 기술이 고도화될 것은 자명하다.

기업체 입장에서는 이러한 혁신기술의 변화를 단계별 안전에 어떻게 활용할지에 대한 중장기 전략이 필요할 것이다. 궁극적으로는 중앙관제 형식의 안전관리 플랫폼, 스마트안전 대시보드(Dashboard), 근로자 보호용 스마트 안전모(저자는 핸드폰 기능 기반 멀티 기능의 스마트 안전모 시대가 올 것으로 예상) 및 최첨단 IOT의 활용 시대가 올 것으로 보인다. 이런 관점에서 기업의 스마트 전략을 수립하는 데 필요한 기업체 스마트 안전 플랫폼 개념(Platform

Concept)을 공유하도록 하겠다.

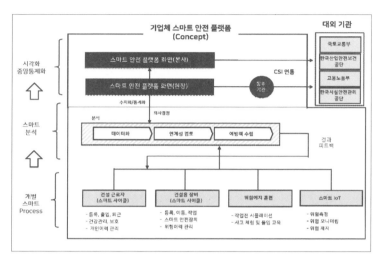

[기업체 스마트 안전 Concept : 시스템 알고리즘 개념 예시]

전략과제 19. 학회, 안전보건공단, 노동부, 산학 협력관계 활용

대외 활동을 위해서는 학회에 가입하여 각종 세미나, 연구 발표 등의 기회를 얻거나 공단이나 노동부와 공동으로 프로젝트를 수행하게 되면 대외적인 인지도뿐만 아니라 여기에 참여하는 구성원의 업무 역량도 향상될 것이다. 저자도 안전보건공단이 주관하는 글로벌 선진국 안전관리 시스템에 관한 연구과제에 참여할 기회가 있었는데, 당시 싱가포르에서 근무 후 복귀한 바로 그 시기라 싱가포르의 안전보건시스템과 법규에 관한 연구를 담당하여 수행한 적이 있다. 물론 그 활동을 통해 우리 회사의 이미지뿐만 아니라 나 자신의 경력에도 많은 도움이 되었다. 중대재해처벌법 도입 초기에 건설업 인력시장에는 안전관리자의 부족으로 많은 기업이 고생을 하였다. 당시 저자는 평소 몇 군데 대학교수와 산학협력 개념의 인맥을 유지하고 있었으며, 이를 통해 필요한 인턴 인력을 충분히 적시에 채용할 수 있어서 어려움 없이 인력난을 쉽게 극복할 수 있었던 기억이 있다. 그 대학과는 그것이 인연이 되어 대학교 증축사업에 우리 회사가 입찰의 기회도 얻었다. 이렇듯 평소 학회, 공단, 노동부, 대학 등과의 적극적인 협업의 네트워크(Network) 노력을 통해 기업의 성장도 견인할 수 있는 기회가 많을 것이다.

전략과제 20. 대외 각종 경진대회 참여 : 평판의 적금 들기

한 기업의 안전보건 수준을 판단하는 것은 실제 외부에 나타나는 동종 기업 대비 낮은 재해율(사망만인율)과 그 기업의 안전평판일 것이다. 저자는 평판에 대해서 언급하고자 한다. 다른 장에서도 별도 언급한 기업평가에서 설명한 것처럼 안전관리 수준은 평소 얼마나 그 기업이 안전에 대해 시스템적으로 잘 관리하고 이를 바탕으로 안전문화가 정착되어 실질적으로 재해율이 낮은 기업인지를 말해준다. 이런 점에서 혹자는 기업이 외부의 경진대회에 나가기보다는 내실 있게 재해 예방 활동에 충실하는 것이 좋겠다고 할 수 있지만, 저자는 이러한 활동을 공격적으로 할 것을 추천하고 싶다. 이것을 준비하면서 그 기업의 역량이 개선되고, 평소 안전업계에 인지도도 높아지며, 이것은 그 기업의 안전경쟁력이 될 것이다. 크게 보면 우수 MZ세대 인력을 기업에 유치하고 혹시 모르는 기업의 안전위기에 대비한 하나의 적금이라고 비유하고 싶다. 고용노동부와 안전보건공단, 각종 지자체 등 이와 관련된 행사는 많이 있으며, 연초 사업계획에 반드시 목표를 설정하여 관리하는 것을 추천하고 싶다. 앞선 3-3, 3-4, 3-5장에서 시스템 측면의 안전경영체계를 구축하고, 이것이 사업장/현장에 실질적으로 정착되어 궁극적으로는 기업의 경쟁력을 견인하도록 주요 과제 20개를 단계별 선정하였고, 각 단계의 흐름을 쉽게 이해하도록 대표적인 과제 중심으로 설명하였다.

아마도 대부분 우리가 말하는 안전을 리딩하는 대기업들은 이보다 더 밀도 있게 과제를 선정하고 수행하리라 생각한다. 저자는 안전경영체계를 중장기 로드맵을 가지고 단계별로 이에 맞는 핵심과제, 즉 콘텐츠(Contents)를 잘 선정할 것을 강조하기 위함이며, 부가적으로 이러한 일련의 업무를 계획하고 리딩(Leading)할 안전조직에 있어 안전에 대한 전문적인 지식뿐만 아니라 기획력과 전략적 사고역량이 절대적으로 요구됨을 저자는 강조하고 싶다.

Chapter.4

안전경영 Survival Power
: 중대재해처벌법 길라잡이

중대재해처벌법 개관(Overview)
: 전략적으로 접근하라

■ 중대재해처벌법 준비 : 생존 or 폐업의 쓰나미

이미 2022년 1월부터 시행 중인 중대재해처벌법은 이젠 더 이상 산업계에 있어 생소한 언어는 아닐 것이다. 우리는 이미 몇 년간 방송, 신문, 각종 미디어를 통해 관련된 정보, 지식, 실제 사례를 귀가 따갑도록 접했다. 아마도 웬만한 일반 시민도 중대재해처벌법이 대략 무엇인지는 알고 있을 것이다.

저자는 앞에서 이미 중대재처벌법은 이머징 이슈(Emerging Issue)라고까지 표현하였다. 그러나 현재 더 큰 이머징 이슈(Emerging Issue)는 2024년 1월부터 50인 미만 사업장에 대해서도 중대재해처벌법을 적용한다는 것이다. 이 이슈를 잘 설명한 신문기사를 보도록 하자.

다음은《매일경제》에 "중대법 '50인미만' 확대 한 달…기업들 비명"란 제목으로 게재된 기사의 일부 내용이다. 50인 미만 사업장을 대상으로 중대재해처벌법 적용을 유예하는 방안이 거대 야당의 거부로 결국 무산됐다. 이에 총선 전 사실상 마지막 본회의를 앞두고 표를 의식해 민생을 뒷전으로 뒀다는 비판이 나온다.

50인 미만 사업장에 대한 중대재해법 적용 2년 유예 법안은 국회 본회의에 안건으로 상정되지 않아 사실상 좌초했다. 중대재해법은 중대재해가 발생했을 때 사업주나 경영책임자가 안전보건 확보 의무를 소홀히 한 사실이 확인될 경우 1년 이상의 징역 또는 10억원 이하의 벌금에 처하도록 규정하는 법이다.

2021년 1월 국회 본회의를 통과해 이듬해 1월 27일부터 시행됐으나, 현실적으로 법안에 대응하기 어려운 근로자 50인 미만 중소사업장에 대해 2년간 시행을 유예했다. 중소기업계는 유예 종료 기간이 다가와 추가 유예를 요구했지만 국회 논의가 끝내 무산되면서 결국 50인 미만 사업장을 대상으로 법을 적용하게 됐다.

중대재해법 확대 시행 이후 중소기업계는 경영 리스크가 급증했다며 입을 모으고 있다. 중대재해 대응 체계를 갖추지 못한 상태에서 처벌 일변도의 법안을 적용해 폐업으로까지 이어질 수 있다는 주장이다.[21]

중대산업재해 발생 현황	50인 미만 사업장	50인 이상 사업장
	388	256
중대산업재해 발생 업종 현황	건설업	341
	제조업	171
	기타	132
유형별 중대산업재해 현황	떨어짐	268
	끼임	90
	부딪힘	63
	물체에 맞음	49
	깔림, 뒤집힘	44

[중대산업재해 발생 업종 및 유형별 현황]

표를 보면 2022년 기준 50인 이상 사업장의 사망자 수는 256 명이 것에 비하여 50억 미만 사업장의 경우 388명으로 중소 규모의 사업장에 대한 중대재해처벌법의 대비가 절실한 상황이다.

《매일신문》의 〈산업 현장부터 식당까지 "중대재해법? 준비는 아직"〉에 대한 기사를 참고하면, 2024년 1월 말부터 중대재해처벌법(중대재해법)이 전면 시행된 지 2개월이 지났지만, 여전히 지역 산업계 곳곳에서 혼선이 빚어지고 있다. 특히 50인 미만(5~49인) 사업장에도 관련 법이 적용됨에 따라 소기업·소상공인의 부담이 커졌다.

2023년 중소기업현황조사에 따르면 대구지역 전체 사업체 가운데 중소기업이 차지하는 비중은 99.9%에 이른다. 이중 50인 미만(제조·운수·건설업 등) 소기업에 해당하는 사업체는 98%다. 중대재해법 대응 여력이 부족한 것은 물론, 사업주가 처벌을 받을 경우 폐업으로 이어질 가능성이 높다. 중대재해법은 제조업 외에도 5인 이상 근로자를 둔 모든 사업장을 대상으로 한다. 식당, 카페, 미용실 등도 중대재해법 적용을 받게 된 것이다.

하지만 미용실에서 근무하는 헤어디자이너는 모두 프리랜서인 상황이라 제대로 된 대처 방안이나 교육을 받을 기회가 없고, 식당 프랜차이즈 역시 본사에서 중대재해처벌법과 관련해 안전조치를 강화하거나 지침을 내리는 경우는 따로 없는 때가 많다.[22]

■ 중대재해처벌법 : 리스크 프리즘(Prism)으로 보기

앞서 기사에서 보듯이 안타까운 현실은 자신이 중대재해처벌법 대상인지도 모르는 경우가 대부분이고 알려고 하지도 않는 것이다. 안다고 해도 무엇을 어떻게 해야 할지 막막한 현실이다. 한편으로는 사고를 실제 겪기 전에는 남의 사례이고, 이를 예방하기 위한 안전에는 추가적인 비용이 필요하며, 누군가 해야 하는 전문가의 영역이라는 선입관도 일부 작용했을 것이다.

저자는 '24년 50인 미만 사업장에 대해서도 중대재해처벌법이 적용되는 만큼 중대재해처벌법에 대한 인식, 접근방법, 준비사항을 대기업, 중견기업, 소규모사업장 등으로 구분하여 입체적으로 리스크(Risk)를 이해하고 준비할 것을 추천하고 싶다.

이런 측면에서 중대재해처벌법을 검토해 보자. 저자는 이것을 중대재해처벌법을 준비하는 '리스크 프리즘(Prism)'이라고 표현하고 내용을 같이 보도록 하겠다.

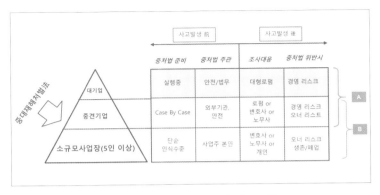

[중재재해처벌법 리스크 프리즘(Prism)]

중재재해처벌법 리스크 프리즘(Prism)에서 보듯, 대기업, 중견기업, 소규모사업장에 따라 크게는 사고 전후 세부적으로 중대재해처벌법 준비, 중대재해처벌법 주관, 조사대응, 중대재해처벌법 위반시 리스크가 각각 다를 것이다. 물론 이것은 저자의 개인적인 의견으로 구성한 것으로, 기업체마다 이 경계 구분을 이해하고 적용하는 것에 다소 차이가 있음은 당연할 것이다.

그러면 어떻게 준비하고 대응할 것인가? 대기업이나 업종마다 다르겠으나 규모가 있는 중견기업들은 이미 산업안전보건법에 따라 기업을 운영하고 있었고, '22년부터 적용하고 있었기 때문에 아주 어렵지는 않을 것이다. 저자는 이 그룹을 도표에서 'A'라고 칭하고, 나머지 규모가 작으나 중대재해처벌법 적용이 되는 사업장을 그룹 'B'라고 구분하여 세부적인 사항을 정리하니 다음 차트를 참조하기 바란다.

구분	그룹A	그룹 B
안전보건 관리체계 구성	가능한 세부적으로 구성	그룹 A보다는 간략본으로 구성
핵심내용	중대재해처벌법 관련 법규, 시행령 13항목 포함	
세부안내 (참조사항)	• 4-2 중대재해 예방 실전 로드맵 1단계 • 4-3 중대재해 예방 실전 로드맵 2단계 • 4-4 중대재해 예방 실전 로드맵 3단계	• 4-5 소규모사업장 생존 전략 1 • 4-6 소규모사업장 생존 전략 2

■ 안전보건관리체계 : 콘텐츠(Contents) 구성이 핵심

　기업체 입장에서 중대재해처벌법 중 중대산업재해만(중대시민 재해는 제외)을 개략적으로 보며, 사업장에서 중대사고가 발생하지 않토록 사업주 또는 경영책임자가 안전보건관리체계를 구축하고 이를 이행하여 점검하는 일련의 활동을 지칭한다. 중대재해처벌법 준비의 시작은 '안전보건관리체계 구축'이다. 더욱이 이것은 사업주나 경영책임자의 가장 중요한 중대재해처벌법 이행의무의 처음이자 핵심이다. 실제 노동부나, 검찰로부터 사업주나 경영책임자가 중대재해처벌법으로 조사받을 시 첫 주요 질문은 "안전보건관리체계를 구축하고 이행했느냐"이다. 물론 안전보건관리체계를 구축하는 것은 당연하다. 그 안전보건관리체계의 볼륨(Volume)과 범위도 중요하다. 그런 측면에서 앞선 차트에서 그룹 'A'는 안전보건관리체계의 볼륨(Volume)도 크고 범위

도 넓을 것이다.

이와 반대로 그룹 'B'는 다소 간략하게 안전보건관리체계가 구성될 것이다. 중요한 것은 안전보건관리체계에 포함될 항목, 즉 콘텐츠(Contents)이다. 콘텐츠(Contents)는 관련 법규와 13개 시행령을 의미하며 이 항목을 정확히 이해하고 반드시 반영하는 것이 무엇보다 중요하다.

다음 장에서부터는 실제 앞서 구분한 그룹 A, B에 따라 중대재해처벌을 준비하고 실제 안전보건관리체계를 같이 구축해 보도록 하겠다.

중대재해처벌법 실전 로드맵 3단계
- 1단계 : 안전보건관리체계 구축 -

　　1단계를 준비하기에 앞서 더 중요한 것은 전반적으로 준비를 리딩(Leading)할 기업 내 안전조직구성 또는 필요하면 외부 전문가 영입일 것이다. 이미 안전조직을 구성하고 있는 기업도 있을 것이고, 아니면 신규인력을 채용해야 하는 기업도 있을 것이다. 만약 신규로 채용하려면 인력 채용 헤드헌터를 통해서 하는 것을 추천하며, 안전팀장급으로 한다면 대기업 출신 본사 경험이 반드시 있는 인력으로 채용을 추천하고 싶다.

　　중대재해처벌법은 현장 경험이 많은 인력보다는 이왕이면 기획력이 있거나 본사 경험이 최소 2~3년은 있는 인력을 추천하고 싶다. 팀원은 팀장을 제외하고 1~3명(추가 인력은 기업의 규모에 다라 다를 수 있으나 최소 팀장/리더를 포함하여 2명이 필요할 것으로 보임) 정도가 적당하다.

1단계에서는 안전보건관리체계 수립, 즉 중대재해처벌법에서 요구하는 법규 사항과 시행령 사항을 반영한 기업 안전보건 매뉴얼, 절차서, 지침서를 구비해야 한다. 전문적인 영역인 만큼 안전조직과 법무조직, 인사조직이 협업으로 준비할 것을 추천한다.

■ 1단계 : 안전보건관리체계 수립

안전보건관리체계를 수립하기 위해서는 중대재해처벌법에서 요구하는 사항을 반드시 반영해야 한다. 즉 법에서 요구하는 최소한의 가이드라인(Guideline)을 반드시 반영하여 안전보건관리체계를 수립하여야 한다. 그러기 위해서는 정부에서 안내하는 '안전 및 보건확보의무 이행 체계도'를 반드시 이해하여야 하며 이 체계도는 다음과 같다.

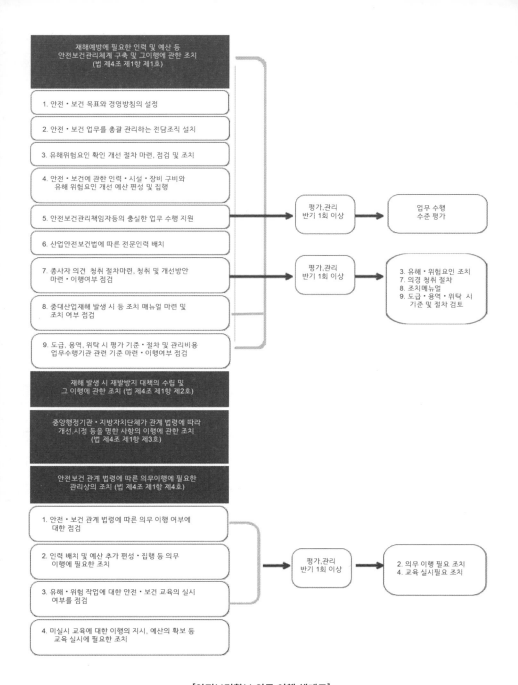

[안전보건확보 의무 이행 체계도]

여기에서 보면 법과 각각의 시행령이 어떻게 구성되어 있고 시행령 준수에 대한 평가 및 점검이 반기에 1회 이상 수행하는 의무사항임을 명확히 안내하고 있다. 이 체계도는 이 업무를 수행하는 안전조직뿐만 아니라 사업주/경영책임자도 반드시 이해하고 있어야 한다. 왜냐하면, 실제 중대재해처벌법 조사 때 사업주/경영책임자에게 물어보는 핵심 질문과 쟁점은 모두 이 체계도의 순서로 진행되기 때문이다.

반대로 생각하면 만약 사업주나/경영책임자가 이 체계도를 충분히 이해하고 성실히 수행하였다면 중대재해처벌법을 성실히 대비한 것으로 볼 수 있는 것이다. 또한, 여기서 중요한 것은 관련된 자료, 절차, 결과 등은 문서화되어 있어야 하며 이를 공지한 메일, 안내 문자, 전자결재 등도 같이 문서화되어 체계적으로 관리되어야 한다는 점이다.

그럼 기업체 입장에서 이 체계도에 있는 각각의 법규 및 시행령에 있어 주요 사항은 무엇일까? 이 점은 기업체마다 해석이 다를 수 있으나 실무자로서 필요한 항목을 정리해 보겠다. 중대재해처벌법 조사시 노동부, 검찰에서 중점적으로 요구하는 사항으로 사전에 관련된 다음의 자료를 평소 갖춰야 할 것이다.

구분	법규/시행령 (의무사항)	관련된 절차와 이를 증빙할 자료에 포함될 내용 사례 (기업체별 세부사항은 다를 수 있음)
1	안전보건 목표와 경영방침의 설정	• 매년 1월에 작성, 사업주/경영책임 자가 서명 • 전 직원 대상 공지 및 회사/사업장내 게시 * 막연한 방침보다는 구체적인 의지 나 방향을 반영
2	안전보건업무를 총괄 관리하는 전담조직 설치	• 기업 조직표 내 경영책임자/사업주 의 스태프(Staff)로 구성 • 역할과 책임을 정확히 기입 * 기획, 시스템, 교육, 점검 등으로 역 할과 책임 구분
3	유해위험요인 확인 개선절차 마련 점검 및 조치	• 위험성 평가 절차 운영에 대한 기준 수립 * 참조 : 위험성 평가 실시 흐름도
4	안전보건에 관한 인력, 시설,장비 구비와 유해위험요인 개선예산 편성 및 집행	• 본사 및 사업장/현장 안전관리비 현 황 * 연간 안전 예산 배정, 투자 증가 여 부가 중요
5	안전보건관리책임자 등의 충실한 업무수행 지원	• 법에서 요구하는 안전인력을 충분히 채용 * 안전관리자의 정직율, 업무를 위한 충분한 교육 실시 등
6	산업안전보건법에 따른 전문인력 배치 종사자 의견 청취 절차마련, 청취 및 개선 방안 마련 이행 여부 점검	• 의견 청취 절차를 마련하고 정기적 으로 의견을 기록 관리 * 의견 내용별 분석 및 조치 결과를 기록관리 * 의견을 자유로이 낼 수 있는 기업 분위기 및 관련된 제안 제도 활성화 사 례 중요

7	종사자 의견 청취 절차 마련, 청취 및 개선 방안 마련 이행 여부 점검	• 의견청취 내용이 조치 되도록 확인 및 점검
8	중대산업재해 발생 시 등 조치 매뉴얼 마련 및 조치 여부 점검	• 중대사고 형태별 대피 매뉴얼 수립 및 정기적인 대피 훈련 * 위험성 평가에 비상사태 발생 시, 중대한 위험발견 시 대피 및 조치사항도 반드시 기재하고 작업전 교육실시
9	도급, 용역, 위탁 시 평가 기준, 절차 및 관리비용 업무수행기관 관련 기준 마련 이행 여부 점검	• 협력사 등록, 입찰, 평가시 안전사항을 반영하는 절차 마련 * 협력사가 업무수행 중 안전관리 수준평가 및 이에 따른 필요한 절차도(경고, 작업중지, 타절 등) 필요
10	재해 발생시 재발방지 대책 수립 및 그 이행에 관한 조치법	• 사고발생시 조사, 분석, 재발방지대책 수립 및 적용에 대한 기준과 절차 * 아차사고(니어미스) 및 타사사고 사례의 재발방지 대책 적용도 적용하는 노력도 필요 * 재발방지 대책을 공지하고 이를 적용하고 있는지 점검하고 확인하는 활동의 증빙도 필요함
11	중앙행정기관, 지방자치단체가 관계 법령에 따라 개선, 시정 등을 명한 사항의 이행에 관한 조치	• 노동부, 공단 및 각 지자체 점검시 지적된 사항에 대한 관리 및 재발방지 절차 — 10번 항목과 같이 재발방지대책 수립 및 적용이 중요
12	안전보건관계 법령에 따른 의무 이행여부에 대한 점검	• 6개월에 1회 이상 기업 자체 또는 외부기관을 활용한 점검실시 및 그 결과를 사업주/경영책임자에게 보고 * 점검결과를 분석하고 반드시 이에 따른 개선책을 수립하고 적용함으로써 지속적으로 개선하는 노력이 중요

13	인력배치 및 예산 추가 편성, 집행 등 의무 이행에 필요한 조치	• 법적 안전/보건인력을 배치하고 및 안전 관련 예산을 배정하고 운영하는 절차 • 필요시 추가 인력이나 추가 예산을 투입하는 절차도 필요 * 안전을 위한 투자비용 계획 및 실질적인 집행이 중요
14	유해위험 작업에 대한 안전보건 교육의 실시 여부를 점검	• 법에서 요구하는 각종 안전교육 이행에 대한 절차 및 이행여부 점검 절차 — 법에서 요구하는 법정교육 외 기업체 자체 각종 안전교육도 중요
15	미실시 교육의 지시 및 예산확보 등 교육 실시에 필요한 조치	• 법정교육이 실시되지 않았을 시 이를 개선하기 위한 시정조치 요청, 예산확보 등의 절차

■ '안전보건관리체계'의 핵심 항목 : '유해위험요인 확인 개선절차 마련'

앞선 안전보건관리체계에서 가장 중요한 핵심 항목은 내용의 '3. 유해위험요인 확인 개선절차 마련 점검 및 조치' 사항이다. 즉 사고가 발생하면 노동부에서 제일 먼저 조사하는 항목으로 사고가 발생한 작업에 대해 평소 기업이 어떻게 위험성을 파악하고, 이를 작업자에게 어떻게 교육하며, 또한 작업 전 위험성 파악에 따라 실질적인 안전조치는 어떻게 실시하고 이를 점검했는지에 대한 일상의 절차(Process)를 말하며, 통상 법적으로는 위험성평가라 한다.

사고가 발생하면 이러한 절차 중 어떤 활동에 문제가 되었는지를 파악하는 것이 중대재해처벌법 조사의 시작이다. 그만큼 중요한 사항으로, 법적으로 아래의 절차를 충분히 이해하고 기업체마다 절차를 수립하여 진행하되 세부적인 방법론에서는 다소 차이가 있을 것으로 보이며, 중요한 것은 모두가 참여하여 실질적인 위험성 평가를 진행하여 안전관리가 개선되어야 한다는 점이다.

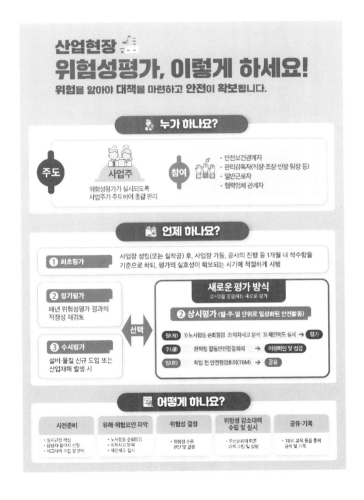

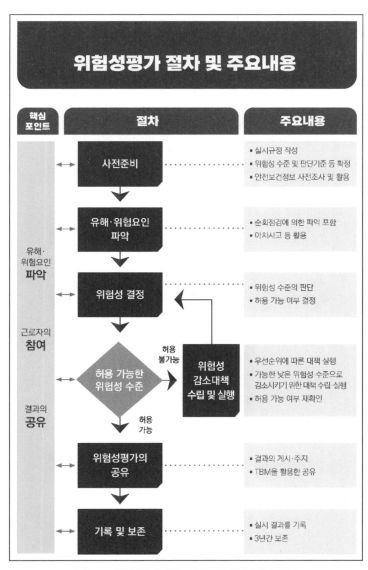

[참조 1 : 위험성평가 실시 흐름도-안전보건공단 자료]

이 장에서는 중대재해처벌법을 준비하는 첫 번째 사항인 안전보건관리체계 수립에 대한 내용 중에서 특히 안전보건관리체계에 반드시 반영되어야 할 항목과, 그중에서도 가장 중요한 유해위험요인 확인 개선절차에 관해서 설명하였다. 어쩌면 중대재해처벌법 준비 사항에서 가장 중요하면서도 가장 어려운 과정이나, 시중에 관련된 자료와 전문기관도 활용할 수 있을 것이다. 무엇보다 중요한 점은 법에서 요구하는 사항을 반드시 반영하는 것으로, 사전에 중대재해처벌법의 세부적 요구사항을 충분히 이해하는 과정이 선행되어야 한다.

중대재해처벌법 실전 로드맵 3단계
- 2단계 : 반기보고서 작성하기 -

    1단계에서 안전보건관리체계가 수립 되면 2단계는 본격적으로 안전보건관리체계가 본사, 사업장·현장에서 준수되고 있는지를 점검하고 개선사항을 도출해 내야 할 것이며 관련된 점검을 반기에 1회 이상 실시하고 결과보고서를 작성하여 보고를 해야 할 것이다. 이와 관련된 세부 사항을 살펴 보도록 하겠다.

◼ 2단계 : 반기보고서 작성

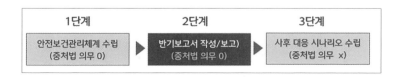

1단계	2단계	3단계
안전보건관리체계 수립 (중처법 의무 0)	반기보고서 작성/보고) (중처법 의무 0)	사후 대응 시나리오 수립 (중처법 의무 x)

안전보건관리체계 이행 보고서(최소 6개월에 1회 이상)를 작성하는 2단계는 안전보건관리체계가 본사 및 사업장·현장에서 잘 운영되는지 점검(본사, 현장/사업장별 전수 조사를 추천)하고 그 결과를 반드시 사업주·경영책임자에게 보고하고 개선책을 결정하는 일련의 프로세스를 말한다. 여기서 중요한 것은 단순히 결과 보고만 하는 것이 아니라 사업주·경영책임자로부터 개선책을 도출하고 이를 실제 적용하는 것이다. 또한 6개월마다 점검시 해당 기업의 안전조직에서 하는 경우도 있지만 외부의 정부에서 인가한 안전전문업체, 안전진단업체 등 외부 전문기관에서 수행해도 될 것이다.

저자의 경우 기업 내 안전조직에서 진행하였지만 외부 전문기관도 병행하여 점검(Cross Check)를 함으로써 좀 더 객관적인 결과를 얻고자 노력을 하였다. 점검 후 결과 보고서를 작성하여 사업주·경영책임자에게 보고하고 사업주·경영책임자의 의견을 반영한 대책을 전 직원에게 공유하는 것이 좋다.

보고서 내용 측면을 보면 전 사업장·현장이 각각 중대재해처벌법에서 요청하는 법규 및 시행령을 준수하고 있는지 정량적으로 측정하는 것을 추천하겠다. 추가로 각 사업장·현장의 중대재해처벌법 준수 수준에 따라 저조한 사업장·현장에 대한 추가적인 조치도 같이 결정하는 것도 바람직하다. 통상 재교육, 경고(Alert), 책임자에 대한 인사조치 등 경중에 따라 페널티(Penalty)를 적용하는 것도 좋다. 이와 반대로 점검결과 법을 우수하게 준수한 사업장·현장에 대해서는 포상을 하는 것도 안전경영 차원에서 좋은 제도가 될 것이다. 일부 건설사의 경우 현장소장들의 안전 리더십도 점검시 같이 평가하여 현장소장 개인 포상도 하는 경우도 많다. 그럼 반기보고서 사례를 보도록 하겠다. 기업마다 보고서 형태 및 구성이 상이할 것으로, 아래 차트에 1, 2번 사항은 개인적인 의견으로 작성한 내용이며, 실제 중대재해처벌법상은 3번 사항을 필수사항으로 이해하면 될 것으로 보인다.

No.	구분	세부사항	구성 Page
1	재해현황 및 조치사항 검토	• 재해분석(반기) — 사고발생 현황 — 사고유형 분석 — 재발방지 대책 및 조치사항 — 아차사고(Near Miss) 현황 및 재발방지 대책 • 타사 사고사례 공유 — 사례분석 — 당사 적용사항 검토	1~2장 내외
2	중앙 행정기관 및 지방자치단체가 개선·시정을 명령한 사항 검토	• 점검결과 및 조치사항 — 점검결과 및 지적사항 — 지적사항 재발방지대책 • 관련 법규 변경사항 공유 — 변경사항 검토 — 당사 적용사항	1~2장 내외

3	중대재해 처벌법 Compliance 보고 (중대재해 처벌법 필수사항)	• 법규 항목별 점검결과(본사/사업장/ 현장 전수) 1. 경영방침 및 목표 2. 유해·위험 관리 3. 안전·보건 예산 4. 관리책임자 등의 업무 수행 평가 5-1. 안전·보건 전담조직 및 인력배치(본사) 5-2. 안전·보건 전담조직 및 인력배치(현장/사업장) 6. 종사자 의견 청취 및 개선 7. 비상조치계획 및 훈련 8. 협력사 관리 9. 안전·보건 관계 법령 이행 10. 안전·보건 교육 11. 재발방지대책 수립 및 이행	12장 내외 (1~11 각 항목 별 1장)
4	기타 공유 사항	• 점검결과 및 조치사항 — 점검결과 및 지적사항 — 지적사항 재발방지대책 • 관련 법규 변경사항 공유 — 변경사항 검토 — 당사 적용사항	1~2장

[반기보고서 구성 예시]

    차트 내용 중 가장 중요한 '3. 중대재해처벌법 Compliance 보고'에 대하여 좀 더 설명하도록 하겠다. 3번 항목이 보고서에서 가장 중요하며, 11개 항목별 각각 작성할 것을 추천한다. 구성은 크게 1) 기준과 절차, 2) 점검결과, 3) 경영책임자의 지시사항으로 나누어 작성하고, '기준과 절차'란에는 법규에 대한 기준뿐만 아니라 기업에 해당하는 항목에 대한 기준도 같이 설명하는 것이 좋을 것이다. '점검결과'란에는 실제 점검한 결과를 정량화하고 필요하면 도표, 차트 등을 첨부하여 이해를 도우면 좋다.

점검결과에 따른 조치 및 개선할 사항은 단편적인 내용보다는 인력, 제도/절차, 관리, 시설 측면에서 어떻게 할 것인지 구체적으로 도출하는 것이 중요하겠다. 마지막으로 경영책임자 지시사항은 중대재해처벌법상 가장 중요하며 최종 경영책임자의 구체적인 의사결정이나 당부사항을 정리하면 될 것이다.

◘ 법의 의도에 맞게 점검하기 : 시행령 해설서 활용하기

반기보고서를 작성하기 위해서는 사업장/현장을 점검하여야 한다. 이때 중요한 것은 시행령에서 요구하는 사항을 명확히 이해하고 우리 회사에 해당되는 사항을 판단하고 법에 맞게 적용하는 것이다. 법이 처음 발표되고 시중에는 관련된 사항을 설명하는 자료가 많이 배포되고 관련된 동영상도 많이 접할 수 있었으나, 이 분야에서 일하는 사람을 제외하고는 사업주/경영책임자에게는 내용이 익숙지 않았을 것이다. 이번 장에서는 그중에서도 관련 법규를 항목별 가장 잘 설명한 고용노동부 해설서 내용 중 항목별 주요사항을 정리해 보았다. 기업체에서는 이 내용을 한 번쯤 관련 부서 간 같이 확인하고 이해하는 것이 필요하니 아래의 내용을 반드시 참조하길 바란다.

구분	관련 시행령 내용 : 고용노동부 해설서 참조
1. 경영방침 및 목표 **【시행령 제 4조 1호】**	• 안전보건에 관한 목표와 경영방침은 자율적으로 설정하되, 추상적이고 일반적인 내용에 그쳐서는 안 되고, 개별사업 또는 사업장의 특성, 유해·위험 요인, 규모 등을 고려해 실현 가능한 구체적인 내용을 담고 있어야 함
2. 유해 · 위험 관리 **【시행령 제 4조 3호】**	• 위험요소의 제거·대체, 공학적·행정적 통제, 개인보호구 제공 여부 등을 검토, 위험성이 합리적인 수준 이하로 감소하도록 관리 • 산업안전 정기감독 ⇨ '위험성 평가 점검'으로 전환, 지도 점검 시 위험요인 대책(재발 방지) 적정성/ 노사 참여여부 집중 확인 • 중대재해 발생 '위험성평가에 따른 자체 노력사항'을 '수사자료'에 적시(구형, 양형 판단시 고려) • 기업 사고 사례(Near Miss 포함)를 반영한 위험성 평가 실시 & 모든 근로자 사고 사례 전파 및 교육 (작업 전 TBM 등)
3. 안전·보건 예산 **【시행령 제 4조 4호】**	• 예산 편성 시에는, 유해위험요인을 어떻게 분석하고 평가했는지가 중요 • 유해위험요인 확인 절차 등에서 확인된 사항을 재정 여건 등에 맞추어 제거, 대체, 통제 등 합리적으로 실행 가능한 수준 만큼 개선하는 데 필요한 예산을 편성하여야 함

4. 관리책임자 등의 업무 수행 평가 【시행령 제 4조 5호】	• 안전보건관리책임자 등에게 사전에 유해·위험 요인을 적절하게 개선 조치할 수 있는 인력과 조직, 예산을 확보, 집행의 권한을 부여해야 하며, 업무수행에 따른 반기별 평가와 그에 상응한 조치를 해야 함
5-1. 안전·보건 전담 조직 및 인력배치 (본사) 【시행령 제 4조 2호】	• 중대재해처벌법 제4조, 제5조 이행의 총괄 관리 • 경영책임자 보좌(컨트롤 타워 역할) • 사업장 특성, 규모 등을 고려, 합리적 인원 구성 • 전체 사업 또는 사업장을 총괄 관리하여야 함 • 관리책임자(현장소장)등이 각 사업장 안전보건 조치를 제대로 하고 있는지 확인/지원
5-2. 안전·보건 전담 조직 및 인력배치 (현장/사업장) 【시행령 제 4조 6호】	• 안전보건관리책임자(현장소장) 등에게 안전보건에 관한 보좌/관리감독자의 지도 조언 • 배치 자체가 중요한 것이 아니라 해당 인력이 업무를 수행할 수 있도록 보장(충분한 시간 등) • 경영책임자는 사업장 특성을 고려하여 추가 인력 배치가 필요한지 자세히 살펴 결정하여야 함
6. 종사자 의견 청취 및 개선 【시행령 제 4조 7호】	• 사업장/현장의 안전·보건에 관한 종사자 의견을 듣는 절차 마련, 개선방안 마련 및 이행 점검 • 재해예방을 위해 필요하고, 조치했으면 중대재해가 발생하지 않았을 것이라 인정되는 종사자의 의견은 개선방안의 마련 및 이행에 대한 책임이 있음
7. 비상조치계획 및 훈련 【시행령 제 4조 8호】	• 중대재해가 발생하거나 발생할 급박한 위험이 있을 경우를 대비한 매뉴얼 마련/현장 이행 여부 점검 • 중대재해 발생 등 긴급상황에 대처할 수 있는 작업 중지및 근로자 대피, 위험요인 제거 등에 관한 체계적인 매뉴얼 마련으로 피해를 최소화하려는 것

8. 협력사 관리 【시행령 제 4조 9호】	• 재해예방을 위한 조치능력과 기술에 관한 평가 기준(도급 관련 안전 및 보건 조치를 위한 능력, 기술 역량에 관한 항목 포함 등) • 안전·보건을 위한 관리비용에 관한 기준(업무수행기간을 지나치게 단축 요구/안전보건 비용 절감 등의 문제로 산업재해 빈발) • 적정 공사기간에 관한 기준(안전하게 작업할 수 있는 충분한 작업기간을 고려한 계약기간을 의미)
9. 안전·보건 관계 법령 이행 【시행령 제 5조 제 2항 1, 2호】	• 관계 법령에 따른 의무 이행(유해 위험 작업에 관한 안전 보건 교육 실시포함)의 반기 1회 이상 점검 • 점검결과 미 이행시 즉시 이행의 지시와 필요한(인력, 예산 등) 관리상의 조치를 말함
10. 안전·보건 교육 【시행령 제 5조 제2항 3, 4호】	• 관계 법령에 따른 의무 & 유해 위험 작업에 관한 안전 보건 교육 실시 / 반기 1회 이상 점검 • 미 이행 시 즉시 이행의 지시와 필요한 관리상의 조치(인력, 예산 등)
11. 재발방지대책 수립 및 이행 【법 제 4조 제1항 2, 3호】	• 동일 유사한 재해가 발생하지 않도록 파악된 유해위험요인별 제거, 대체 및 통제 방안을 검토, 종합적 개선대책 수립 및 이행 조치 • 중앙행정기관 · 지방자치단체가 관계 법령에 따라 개선, 시정 등을 명한 사항의 이행에 관한 조치 • 기업 내 사고사례(Near Miss 포함)를 반영한 위험성 평가 실시 & 모든 근로자 사고사례 전파 및 교육(작업 전 TBM 등)

■ CEO 안전 메시지(Message) : Mindset보다는 진심을 담은 Story...

앞서 내용은 중대재해처벌에서 요구하는 안전보건관리체계 및 반기보고서에 대한 것이었다. 이상의 내용이 중대재해처벌법에서 요구하는 최소한의 법적 요구사항이라면, 저자는 추가로 CEO 안전 메시지와 월간안전보건위원회 운영을 추천하고 싶다.

첫 번째, CEO 안전 메시지를 먼저 보도록 하겠다. 저자의 기억에는 중대재해처벌법이 처음에 도입되었을 때 법적의무사항은 아니지만 일부 대기업에서 제일 먼저 조치한 것 중 하나가 CEO 안전메시지의 게시였다. 물론 경영책임자가 가장 빠르게 안전에 대한 철학과 의지를 전달할 수 있는 조치사항이기도 하지만, 안전경영 분위기를 쇄신할 수 있는 임팩트(Impact) 있는 수단이기도 할 것이다. 이때 중요한 것은 상투적인 안전제일(Safety First)의 내용보다는 진정성을 담아서 주제(Theme)를 가지고, 시기별 스토리(Story)를 가지고 일관되게 전달하는 것이 효과적일 것이다. 직원이나 구성원들이 이쯤이면 CEO 메시지가 게시될 것을 기대하고 당연하게 여기도록 인식되어야 할 것이다.

특히 처음 안전 메시지를 전달하는 경우는 실무적인 내용도 첨부에 같이 담아서 게시하거나 메일로 전달하면 좋을 것이다. 실제 중대재해처벌법 조사를 받을 시 경영책임자가 구성원, 직원들에게 중대재해처벌법 준수사항을 어떤 식으로 어떤 내용을 전달했는지가 중요하고, 이러한 것을 경영책임자의 역할 수행의 노력으로 어필할 수 있을 것이다. 또한, 월간 안전보건 회의를 개최한다면 회의한 결과와 CEO의 지시사항을 메시지 형식으로 게시하거나 개인 메일로 전달하는 것도 좋을 것이다.

최근 중대재해처벌법이 중소 규모의 업체에도 확대 적용됨에 따라 이러한 CEO 안전메시지를 협력사에게도 같이 보내주는 것도 중대재해처벌법을 준수하는 측면의 좋은 수단이 될 것으로 보인다. 다음의 내용은 실제 시기별 CEO 안전메시지 내용 사례로, 기업체별 사업의 특성에 맞게 활용하면 될 것이다.

메시지 구분	시기	전 달 내 용	
신년사	년초 1월 중	• 전년도 안전관리 성과 및 반성 • 신년도 안전 방향성 및 주안점	[공지방안] CEO 명의로 기업 전사 게시판 활용 또는 개인별 메일로 송부
해빙기	2월	• 이 시기에 자주 발생하는 사고유형 안내 • 예방대책 및 조치사항 당부 • 교육, 점검할 내용 및 체크리스트	
장마철	6월		
혹서기	8월	• 혹서기 사고유형 설명 • 휴게시설 및 근로시간 관리 방안 당부 • 온열질환의 증세와 대처 방안 안내	

추석연휴	추전연휴 직전	• 연휴기간 중 작업시 안전조치 사항 • 연휴 중 사고 발생시 비상조치 방안	[추천사항] 추상적인 내용보다는 진정성 있게 안전관리의 실무적인 사항도 명확히 첨언하여 안내할 것
동절기	12월	• 동절기 사고 유형 설명 • 휴게시설 및 근로시간 관리 방안 당부 • 온열질환의 증세와 대처 방안 안내	
연말연시	연말 12월 중	• 연말연시 근무기강 해이에 의한 안전 당부 • 연말 실적관리를 위한 무리한 작업에 따른 사고 예방 당부	

[시기별 CEO 안전메시지 내용 사례]

■ 월간 안전보건위원회 : 일상의 절차로

두 번째, 본사 주관 매월 안전보건위원회 운영이다. 핵심(Point)은 반기보고서를 CEO에게 보고하는 창구 역할이라고 생각하면 된다.

통상 사업장/현장에서는 산업안전보건법에 따라 안전보건위원회를 운영하고 있다. 그러나 최근 중대재해처벌법 적용에 따라 기업체 본사에서도 안전보건위원회를 진행하는 기업이 많아지고 있다. 중대재해처벌법에서 요구하는 사항에 대한 정기적인 검토 및 실적관리의 목적으로 진행하고 있으며 중대재해처벌법이 적용되기 이전에는 통상 '안전경영보고', '안전경영실적 보고'

형태로 일부 회사에서 반기, 분기별 진행하는 사례는 일부 있었다. 즉 반기마다 중대재해처벌법에서 요구하는 보고서도 중요하지만 평소 안전경영을 함으로써 실질적으로 기업 내 안전경영이 성숙할 것으로 보이며, 저자의 경우도 안전보건위원회를 반복할수록 점검 회의 내용은 충실해지고 회의 아젠다(Agenda)가 세련되어지는 것을 경험할 것이다. 쉽게 설명하면 매월 안전보건위원회의 내용이 모여 반기 보고서가 되는 것으로 이해하면 될 것이다.

운영 방식은 통상 사업주·경영책임자가 주관하여 본사에서 월간, 격월, 분기 단위로 진행하며, 저자의 회사의 경우 매월 전체 경영진, 현장소장, 리더급 안전관리자 참여하에 진행되었고, 사업장·현장의 참석자는 On-Line으로 참석을 하였다. 세부적인 운영안은 아래 내용을 참조하기 바란다.

배 경	• 기업의 안전경영/안전문화 정착분위기를 견인할 수 있음 • 중대재해처벌법상 경영책임자의 실질적 역할 수행 • 각 부서/조직 간 안전에 대한 역할이 책임이 명확해짐	
참석자	• 주관 : 사업주/경영책임자 • 참석 : 임원, 각부서 팀장급 • 진행 : 안전주관부서장	가능한 사업장 /현장의 리더급도 참여

진행 순서	• Safety Moment 　─ 2분 내외의 안전관련 영상물 　　* 자체 제작 또는 Youtube영상물 활용 • 안전 현황 공유(Safety Dashboard) 　─ 사건, 사고, 니어미스 현황 및 통계 리뷰 • 재발방지 대책토론회 　─ 사고별 개요/원인/대책 발표 및 토의 　　* Fishbone 분석 기법 적용 • 각 부서별 안전활동 공유 　─ 점검, 진단, 교육한 결과 및 향후 일정 등 　　발표 • 공지사항 　─ 관계부처 공지사항, 법규 변경 사항 등 　─ 안전 관련 자체 공지 사항 • CEO Wrap-up 　─ 회의결과 소감 　─ 안전 당부사항	발생된 현장 /사업장에서 직접발표

[월간 안전보건위원회 운영안 예시]

　이상의 내용은 중대재해처벌법 로드맵의 2단계인 '반기보고 서' 작성시 법적으로 반드시 포함되어야 할 사항(정확히 표현하면 반 기마다 점검할 사항들)과 실제 보고서 형식을 사례로 안내하였다. 추 가로 이 반기보고서 외 기업 내 안전을 정례화된 커뮤니케이션 (Communication)을 통해 안전경영을 일상화하는 측면에 월간안전 보건 회의 및 CEO 안전메시지에 관한 내용도 같이 언급하였다. 각 기업체는 이러한 사례를 기업의 특성에 맞게 활용하고 내실 화하여 단순히 중대재해처벌법 준수뿐만 아니라 안전에 대한 인 식과 일상의 문화로 발전하는 수단으로 활용할 것을 당부하고자 한다.

중대재해처벌법 실전 로드맵 3단계
- 3단계 : 비상대응 시나리오 수립 -

　앞선 1단계, 2단계에서 안정적으로 안전보건관리체계가 수립되고 이것이 제대로 준수되고 있는지 정기 점검을 통해 지속적으로 개선하는 것이 목적이며, 이것은 중대재해처벌법의 의무사항이다. 그러나 마지막 3단계는 중대재해처벌법의 의무사항은 아니나 실제 사고가 발생하여 조사를 대비한 사전 대응 시나리오를 만들어 준비해야 할 것이다. 기업체 입장에서 사고 발생 후 며칠 초기 조사시 어떻게, 어떤 자료를 가지고 대응하느냐가 매우 중요할 것이다. 저자는 이것을 중대재해처법별 대응 '골든타임(Golden Time)'이라고 부르고 싶다. 그럼 각 단계별 세부적인 사항을 설명하도록 하겠다.

◘ 3단계 : 비상대응 시나리오 수립

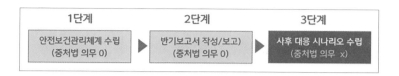

1단계	2단계	3단계
안전보건관리체계 수립 (중처법 의무 0)	반기보고서 작성/보고) (중처법 의무 0)	사후 대응 시나리오 수립 (중처법 의무 x)

1, 2단계에 따라 중대재해처벌법을 잘 준비하고 실제적으로 이를 운영하면 사업장/현장의 안전의식과 작업환경은 크게 개선될 것이다.

한편 기업들이 궁금해 하는 내용은 중대사고 발생시 대비할 사항일 것이다. 이번 단계에서는 실제 상황을 대비할 사항에 대하여 논의해 보겠다.

중대사고가 발생하면 바로 조사를 받아야 한다. 노동부, 검찰 순으로 조사를 받고, 사고 발생 후 현장/사업장 해당 작업의 근로자 ⇨ 반장 ⇨ 소장/공장장 순으로 조사가 시작되고, 이때 고용노동부에서 현장 조사를 진행도 하지만 동시에 방대한 양의 자료를 요청한다. 평상시 중대재해처벌법을 잘 준비하고 운영한 기업에서도 버거울 분량의 방대한 양의 서류로, 해당하는 현장·사업장 및 본사에 각각 요청할 것이다.

그럼 통상 중대재해 발생시 중대재해처벌법에 따라 요청하는 서류를 보도록 하자. 이는 한 사례로 케이스(Case)별 다소 차이가 있겠으나 기본적인 사항은 같을 것이다.

구분	본사 준비 서류 : 예시
1	안전보건경영방침, 목표, 전담조직 조직도(업무분장 포함)
2	위험성 평가 업무 절차, 개선 여부 점검한 이력(반기 1회 이상), 점검 후 필요한 조치 기록사항
3	안전관련 필요한 예산을 편성한 내역과 집행한 내역 (재해 예방을 위해 필요한 안전·보건에 관한 인력, 시설 및 장비의 구비 등)
4	안전보건총괄/관리책임자, 관리감독자가 업무를 충실히 수행하는데 필요한 권한 및 예산
5	안전보건총괄/관리책임자, 관리감독자가 법에서 규정한 업무를 충실히 수행하는지를 평가하는 기준 및 평가한 자료
6	안전·보건에 관한 사항에 대해 종사자 의견 청취 절차, 청취 결과 및 이행 여부 점검 실적
9	산업안전보건위원회 및 안전보건 협의체 운영에 대한 절차, 기준 및 이를 시행했는지 점검한 실적
10	중대산업재해가 발생하거나 발생할 급박한 위험이 있을 경우를 대비하여 마련된 대응조치에 관한 매뉴얼, 이를 조치하고 있는지 점검한 실적
11	협력업체 산업재해 예방을 위한 조치 능력과 기술에 관한 평가기준·절차 및 이를 적용한 실적
12	사고 발생 이력(3년)에 따른 사고재발방지 대책 수립, 공지, 교육, 대책 적용 등에 대한 실적
13	중앙행정기관·지방자치단체가 개선, 시정 등을 명한 사항 및 이행에 관한 실적
14	종사자의 안전·보건을 확보하기 위해 사업 또는 사업장에서 적용되는 안전·보건 관계 법령 목록, 이를 이행했는지 직접 점검 실적, 이행되지 않은 사항에 대해 필요한 조치한 실적
15	(점검 결과) 실시되지 않은 교육에 대해 필요한 조치한 실적

구분	사업장 / 현장 준비서류 : 예시
1	안전보건총괄책임자, 안전보건관리책임자 선임 서류
2	조직도(원청, 하청), 각 부서 간 업무 내용
3	위임전결규정
4	연간 안전보건교육계획, 안전보건관리규정 및 관련 결재문서
5	경영책임자 현장점검 실적
6	산업안전보건위원회 회의록, 안전 및 보건에 관한 협의체 회의 및 결과 자료
7	최근 5년간 발생한 사고결과보고서
8	안전, 보건관리 전문기관 보고서 등 서류 일체
9	(사고가 발생한) 작업작업표준서류 일체, (사고가 발생한) 작업안전보건교육 등 서류 일체
10	보호구 지급대장
11	시청, 고용노동부, 환경부 등 유관부처 행정명령 서류 일체
12	해당 작업, 사고 공정 기계, 기구 등 점검일지
13	위험성평가실시 규정 및 결과 문서 일체(최근 2년)

각각 제출하는 서류목록을 보면 1단계에서 설명한 안전보건 관리체계에 반영될 사항들에 대한 직접적인 절차, 매뉴얼, 기준 등에 대한 사항이나 이를 증명하는 각종 부가자료라는 것을 알 것이다. 결론적으로 정부에서 제시하는 중대재해처벌법 가이드 라인(Guideline)격인 '안전보건확보의무 이행 체계도'를 잘 이해하 는 것이 무엇보다 중요하다. 이때 제출하는 서류는 이 중대재해 처벌법 조사에 있어 진술을 뒷받침해 줄 중요한 증빙자료로, 노 동부나 검찰로서는 중대재해처벌법 위반에 따른 기소 여부를 결 정지을 수 있는 중요한 증거 자료일 것이다.

한편 기업체 입장에서는 증빙 없는 진술은 한계가 있고, 증빙을 뒷받침해 줄 관련 메일, 문자, 지시사항, 사내 인터넷 공지 등 또한 중요한 자료일 것이다.

앞서 설명한 서류들을 제출하면 관련자들에 대한 참고인 또는 피의자 조사가 진행된다. 이때 핵심(Point)은 제출하는 자료가 평소 사실에 근거해 준비된 자료라야 한다는 점이다. 제출한 자료의 증빙이 왜곡될 경우 진술 자체에 신빙성이 떨어질 것은 당연하며, 통상 안전 관련 서류는 작성한 일자, 결재한 일자(특히 전자결재), 문서 배포대상, 컴퓨터 내 자료 저장 일자 등이 매우 중요한 쟁점(특히 사고가 발행한 시점 전후)이 될 것이다. 또한, 이러한 자료에 대한 신빙성 문제에 따라서는 압수수색도 하는 경우도 있을 것이다. 그만큼 평소 전담자를 선정하여 제출할 서류나 자료를 빠짐없이 문서화하고 파일로 관리하는 것이 매우 중요할 것이다.

다음으로, 자료를 제출하거나 조사시 외부 전문가의(노무법인, 법무법인) 조력을 추천하고 싶다.

특히 사고 발생 초기 처음 조사시 진술이 매우 중요하다. 조사자 측면에서 보면 초기 진술에 따라 중대재해처벌법 조사 방향성을 정하기 때문이다. 이런 점에서 초기에 팩트 중심의 진술과 자료 제출을 하되 전문가의 검토를 받을 것을 추천한다. 중대재해처벌법의 경우 사업주/경영책임자가 조사 대상인 만큼 최소한 전문가가 같이 챙겨야 할 것으로 보이며, 가능하면 평소 중대재해처벌법 전문 노무법인, 법무법인과 업무 협약 또는 최소한의 교류를 통해 비상시에 대비해야 할 것이다. 위에서 설명한 두가지 포인트(Point) 평소 서류관리, 전문가와의 네트워크 (Network)를 바탕으로 비상 대응 시나리오를 준비하여 비상시 중대재해처벌법 방어의 골든타임(Golden Time)을 놓쳐서는 안 될 것이다.

소규모사업장 생존전략 1
: 중대재해처벌법 Kits

■ 중대재해처벌법 New Survival Reality

2024년 1월부터는 중대재해처벌법도 영세, 소규모사업장에 대한 내용이 많이 나오고 있다. 아직은 사고에 따른 중대재해처벌법 적용 내용보다는 중대재해처벌법 준비상 어려운 상황에 관한 내용이 주류를 이루고 있다. 직원 22명인데 안전서류만 37개. 〈서류 만드느라 현장 안전 볼 틈 없다〉라는 제목의 어느 신문기사는 일부 영세업체에서의 안전보건체계 구축이 얼마나 어려운지를 여실히 나타내고 있다. 중대재해법이 확대 시행된 이후 많은 영세 업체는 실질적인 사고 예방에 나선 것이 아니라 사고가 일어났을 때 처벌을 피할 수 있는 서류 작업에 더 열중하고 있는 게 현실이다. 안전 교육, 시설 관리와 이를 증빙할 서류 작업을 모두 하면 좋겠지만, 당장 현장에 투입할 직원도 부족한 영세 건설사나 제조 중소기업에선 중대재해처벌법 관련 서류 챙기기에도 급급한 상황이다. 서류 작업에 지친 담당자들 사이에서 "이런 게 무슨 도움이 되겠느냐?"라는 푸념이 나온다.

서류를 준비하려고 해도 막막한 경우가 많다. 어떻게, 얼마나 구체적으로 안전·보건 관리 체계를 갖춰야 하는지 일정한 기준이나 양식이 없기 때문이다. 예를 들어 〈중대재해처벌법 시행령〉 제4조 제8호에는 "중대산업재해가 발생하거나 발생할 급박한 위험이 있을 경우를 대비하여 매뉴얼을 마련해야 한다"라는 내용이 있는데, '매뉴얼'이란 게 무엇인지 모호하다 보니 중소기업 입장에선 '중대재해 발생 시 조치 매뉴얼', '중대재해 발생 보고서' '중대재해 방지 대책 계획서', '중대재해 방지대책 수립 절차', '중대재해 비상연락망', '중대재해 발생 시 대응 조치 흐름도' 같은 비슷한 내용의 서류를 마련해 놓는 식이다. 선원 8인을 고용한 어선 선장 김모(34)씨는 "조합에서 서식을 공유해줬는데 100페이지가 넘었다"라며, "나는 그나마 젊은 편이라 준비를 했지만, 고령 선장들은 엄두도 못 낸다"라고 했다. 또 규모별, 업종별 차별화도 안 되고 있다. 얼마만큼 준비해야 처벌을 면하는지 알 수 없다 보니 중소기업도 중대재해법에서 요구하는 대로 대기업처럼 '경영 방침' 서류도 만들고, 비상 훈련을 한 뒤 보고서도 쓰는 실정이다. 한 건설 업체 대표는 "일거리 있으면 하루 일하고, 없으면 쉬는 작은 회사에서 안전 관리 목표를 세우고 세부 추진 계획까지 만들라고 하니 황당하고 막막하다"라며 "중대재해 예방이 서류로 해결되는 것도 아닌데, 사무실에 앉아서 서류

와 씨름 중"이라고 했다. [23)]

사실 기사들이 소개하는 이런 실정조차도 잘 이해하지 못 하는 일부 소규모 사업장도 많을 것이다. 어찌 보면 이 기사를 보고 중대재해처벌법 준비에 엄두가 나지 않는다는 표현이 맞을 것이다.

■ 83만 영세 사업장 : 안전 백신(Safety Vaccine)이 필요할 때

상시근로자 수 50인(억원) 미만 사업장에 대해서도 전면 적용이 되고, 이로 인하여 영세 중소기업 약 83만 곳과 근로자 800만 명이 중대재해처벌법 대상이 되었다. 이젠, 근로기준법상 상시근로자 수 5인 이상이면 업종과 관계없이 중대재해처벌법에 따라 안전보건관리체계를 구축하고 이행해야 한다. 거의 모든 식당, 미용실, 놀이방, 카페, 술집 등을 운영하는 개인 사업주는 영업하는 한 싫든 좋든 상관없이 이젠 중대재해처벌법을 이해하고 대처해야 할 것이다. 물론 사망사고(중대산업재해)가 발생한다고 무조건 중대재해처벌법에 따라 처벌을 받은 것은 아닐 것이다. 법을 정확히 이해하고, 준비하고, 착실히 이행하면 당연히 처벌을 피할 수 있을 것이며, 한편으로는 준비하지 않고 사고가 안 날 것이라 요행만을 바라다 보면 사고 발생에 대해 불안감 때문에 영업이 자유롭지는 않을 것이다. 아마도 1~2년 이내 중대재해처벌법을 나름대로 준비하고 영업을 하는 사업주와 이와는 반대로 준비를 하지 않고 차일 피일 미루어 불안해하거나 아니면 실제 사고 발생시 대응을 포기하려는 두 종류의 분류로 나뉠 것이다.

그럼 현시점에서 현실은 어떨까? 아직도 영세업을 영위하는 사업주들은 중대재해처벌법이 나와는 관계가 없다고 믿고 싶거나 혹은 막연히 이 법을 이해하고 준비하는 것 자체를 두려워하고 있다. 저자는 얼마 전 전 세계를 혹독하게 뒤흔들었던 코로나 바이러스(저자는 이를 시대적 이머징 이슈라 보고 있다)에 빗대어 같이 대비하고자 한다. 중대재해처벌법을 미리 대비하기 위해 일찌감치 수고스럽더라도 백신에 대한 설명과 주의 사항을 듣고 이를 지키면 되는 것이다. 즉, 안전 백신(Vaccine)도 맞고 외출 시 필요하면 마스크도 쓰고 외출 후엔 손을 씻기를 습관화하는 것이 현명하다.

이처럼 중대재해처벌법은 사업을 영위하기 위한 필수적인 이머징 이슈(Emerging Issue)와도 같을 것이다. 이 법이 이미 시행된 만큼 여기저기 남의 눈치를 볼 것이 아니라 하루라도 빨리 대비하고 본업인 영업에 집중하는 것이 현명한 선택이라 생각된다.

저자는 앞선 장에서 규모가 어느 정도 되는 기업체 입장에서 중대재해처벌법을 대비하는 것을 주로 논하였다. 이번 장에서는 저자가 50인 미만의 소규모 사업장에서의 중대재해처벌법을 준비하는 담당자라고 가정하고 중대재해처벌법을 같이 준비해 보도록 하겠다.

◘ 중대재해처벌법 언어를 알자 : Self-Check

기본적인 지식부터 하나하나 공부하는 것도 중요하지만, 우선 기본적인 중대재해처벌법 언어를 알고, 내가 얼마나 이해하고 있는지 Self-Check를 한 후에 바로 사업장에 맞는 안전보건관리체계를 구축하도록 하겠다. 참고로 이번 장에 있는 셀프체크(Self-Check)는 중대재해처벌법을 준비하는 개개인들이 각자 하는 것을 추천한다. 개인들이 얼마나 이해하고 있는지를 각자 수준별로 진단하는 것이 중요하며, 실제 중대재해처벌법 조사 시 개인별 조사를 받고 개인별 대응을 해야 하기 때문이다.

이와 반대로 안전보건관리체계 구축은 사업장·경영책임자와 관련 개인과 팀들이 같이 워크숍(Work Shop) 과정을 통해 구축할 것을 추천한다. 안전보건관리체계 내용 자체가 관련 부서 간 역할과 책임을 명확히 하기 위함일 것인가? 우선 셀프체크(Self-Check)의 내용을 보도록 하겠다.

구분		주요질문 (Main Question)	세부질문 (Detail Question)
1	경영자 리더십	나는 나의 사업장에 대한 안전관리 방침과 구체적인 목표관리 방안을 설명할 수 있는가?	• 안전보건경영방침 • 안전보건목표를 달성하는 방안 • 방침과 목표를 수립하는 기준과 절차
2	안전보건 조직 및 예산 편성	나를 포함한 직원들 모두 안전관리 활동을 설명할 수 있다. 사고 예방이 필요한 예산을 어떻게 계획하고 있는가?	• 직원별 안전관리 역할과 책임을 지정 • 사고예방을 위해 필요한 비용/예산을 계획하고 집행

3	근로자 정보공유 및 참여 (의견청취)	직원들이 안전에 대한 의견을 낼 수 있도록 분 위기를 조성하고 실제 활성화되어 있는가?	• 직원들이 안전의견을 낼수 있는 방법/제도 • 안전관련 각종 자료 제 공, 게시, 공지 등 • 근로자의 의견 수렴 및 안전보건 정보공개 등 에 관한 기준과 절차 제 정
4	유해·위험 요인 확인 및 개선	우리 사업장에 주로 발 생되는 위험과 이에 따 른 사고유형 알고 있는 가? 이러한 사고를 예방 하기 위한 위험성 평가 활동을 설명할 수 있는 가?	• 위험성 평가 관련 안전 활동 기준과 절차 • 위험성 평가에 따라 개 선-교육-점검 활동 • 위험성 평가 내용이 적 절한지 내용 확인
5	안전보건 교육 계획	우리 사업장 직원들에 대한 안전교육 기준이 있으며 이를 설명할 수 있다	• 안전보건교육에 관한 기준과 절차 • 안전교육 실시 계획 및 결과기록
6	비상 시 조치 및 재발 방지대책	사고 시 또는 중대한 비 상사태 시 어떻게 대피 하고 조치할지에 대해 수립된 절차를 설명할 수 있다.	• 사고/비상사태 대비한 비상조치계획 수립 • 비상조치계획에 따른 훈련 및 기록 • 비상조치에 대한 정기 적인 교육 및 안내
7	협력업체 안전보건 지원 및 관리	협력사의 안전관리 수준 을 평가하고 관리하는 절차를 설명할 수 있는 가?	• 협력사의 안전수준에 대한 평가 기준 • 협력사 안전관리 교육 및 지원 사항 • 협력사 선정 시 안전관 리 수준 평가 기록

| 8 | 평가 및 개선 | 사업장의 안전관리 절차가 제대로 이행되고 있는 정기적인 점검 절차 기준을 설명할 수 있는가? | • 안전관리 수준을 평가할 수 있는 기준
• 정기적으로 수준을 평가하는 절차
• 파악한 문제점을 개선하는 절차 |

[중대재해처벌법 Self- Check]

　사업주/경영책임자가 질문 차트에 있는 주요 질문을 별도 자료 없이도 개략적인 설명이 가능하고, 주요 질문에 연계한 세부 질문에 대해 실제 사례나 안전보건구축체계가 어떻게 구성되어 있는지를 설명할 정도라면 아주 높은 수준의 이해도를 갖췄다고 생각한다. 물론 영세하고 더 소규모 사업장일수록 세부 질문에 대한 답변이 다소 부족할 수 있을 것이다(규모가 작은 사업장일수록 안전보건관리체계가 단순할 것으로 이해가 될 것이다). 아마도 대부분의 사람들은 이 질문지를 보고 중대재해처벌법이 무엇을 하라는 것인지를 이해했을 것이다.

　질문 내용을 보면 알겠지만, 안전보건관리체계에 반영될 목차 순서로 이해하면 될 것으로, 질문의 내용이 어렵더라도 다음 장에서 실제 안전보건관리체계 서식(Template)을 보고 실제로 같이 작성하면 충분히 이해가 될 것으로 확신한다.

소규모사업장 생존전략 2
: 내 사업장 '안전보건관리체계' 정복하기

중대재해처벌법을 준비하기 위해 가장 먼저 해야 할 사항은 안전보건관리체계를 수립하는 것임을 모르는 사람은 없을 것이다. 또한, 안전보건관리체계를 수립하는 것 자체가 중대재해처벌법상 사업주/경영책임자의 법적 책임을 상당 부분 커버(Cover)하는 것도 당연하다. 어떻게 보면 안전보건관리체계는 언제 어떻게 나에게 닥칠지 모르는 중대재해처벌법에 대비해 나를 보호해 줄 생명보험과도 같을 것이다. 이미 2024년 1월부터 소규모사업장도 해당이 됨에 따라 이제는 남의 사업장의 일이 아닌 것이다. 어느 정도 규모가 있는 기업의 경우 안전 전담 부서가 있으면 아주 어렵지는 않겠지만, 소규모사업장을 운영하고 기존에 안전 관련 사전 지식이나 정보가 없을 때는 차원이 다를 것이다. 이를 도와주는 각종 정보, 책자, 가이드라인(Guideline), 안내서 등이 많이 나와 있으나 소규모사업장에서 직업 이것을 이해하고 안전보건관리체계를 스스로 준비하기에는 어려움이 많을 것이다. 실제 안전컨설팅을 전문으로 하는 업체에서도 소규모사업장에 안전보건관리체계를 스스로 준비하도록 관련 자료를 주고 직접 교육도 하고 안내를 하더라도 결국 스스로 준비하는 것을 포기하고 안전컨설팅 업체에 모든 것을 다 직접 작성해 달라고 요청하는 경우가 현실이라고 한다. 물론 사업장 스스로 관련 법규를 공부하고 필요 시 전문가의 조력을 받아 스스로 내 사업장에 맞는 안전보건관리체계를 만드는 것이 제일 좋은 방안이겠지만, 아마도 중대재해처벌법의 법규 및 시행령을 명확히 이해하고 이를 정확히 반영하는 과정에 어려움이 있는 것으로 생각된다. 이에 저자는 고용노동부, 안전보건공단 등에서 안내한 내용을 반영하여 소규모사업장의 안전보건체계 샘플서식을 공유하도록 하겠다.

주지 사항 [필수]
• 이 서식은 소규모사업장 입장에서 가장 간단히 작성할 수 있도록 최소한의 목차로, 목차마다 One Sheet로 하여 전체 10장 내외로 쉽고 간단히 쓸 수 있게 구성하였다.
• 이 서식을 다 작성하였다고 우리 사업장의 안전보건관리체계가 완전하게 갖춰졌다고 볼 수는 없을 것으로 이 샘플 서식은 최소한의 내용이며 추가로 사업장에 맞게 목차, 내용, 관련 양식 등을 보완해야 할 것이다.
• 이 서식을 활용 중에 추가적인 사항은 아래의 자료를 통해 참조할 것을 추천한다 **한국산업안전보건공단/자료마당/통합자료실/안전보건자료실** **https://www.kosha.or.kr/kosha/data/mediaBankMain.do** — 소규모사업장 안전보건관리체계 구축지원 가이드(2023) — 중대재해처벌법 및 시행령 주요내용 교안(중대산업재해 중심)

겉장

| 안전보건관리체계 |

구분	작성자	검토자	승인자
직급	000	000	000
성명	000	000	000
서명	000	000	000
일자	0 / 0 / 0	0 / 0 / 0	0 / 0 / 0

목차

1-1 안전경영 의지표명

XXXX는 안전보건관리체계의 구축, 실행, 유지, 개선을 위해 필요한 자원을 제공하고 이를 실천하므로 필요한 교육을 제공하여 쾌적하고 사고 없는 일터를 제공한다. 이 안전보건관리체계는 모든 임직원, 협력회사, 근로자 및 모든 이해관계자에게 예외 없이 적용한다.

이를 위해 XXXX는 다음의 사항을 반드시 수행한다.

- 쾌적한 작업환경을 제공하며, 근로자 및 이해관계자의 안전과 보건을 확보한다.
- 안전보건방침과 목표를 수립하고, 이에 대한 필요한 교육을 제공 한다.
- 안전보건관리체계 요구사항 이행의 중요성에 대해 주기적인 의사소통을 진행한다.
- 안전보건목표를 달성하도록 결과를 달성할 수 있도록 지원하고 이를 평가한다.
- 유해·위험요인 보고 시 위험을 우선 제거하여 사고를 선제적으로 예방한다.
- 직원과 근로자가 안전보건관리에 참여할 수 있는 안전문화를 조성한다.

1-2. 방침, 목표 및 추진계획

XXXX의 의지와 철학을 반영한 안전보건방침을 수립하고, 이를 달성하기 세부목표를 수립하여 정기적으로 관리한다.

[안전보건 목표수립을 위한 개인/부서별 역할과 책임을 아래와 같다]

구 분	역할과 책임
000	000
000	000
000	000

[안전보건방침과 세부계획은 아래와 같다]

안전보건방침	
XXXX사는 기업경영에 있어 안전과 보건을 최고의 가치로 인식하고 안전보건관리체계를 기반으로 안전하고 쾌적한 작업환경을 조성하고 임직원의 안전 리더십을 바탕으로 안전문화를 선도한다.	
□ **안전보건 목표**	- 000 - 000
□ **세부추진 과제**	1) 000 2) 000 3) 000 4) 000

2-1. 안전보건 조직

안전보건관리체계를 사업장에서 효율적으로 적용하기 위해서는 전담인력(조직)을 구성하고 다른 조직/팀과의 안전보건에 대한 역할, 책임, 업무전결규정 등이 명확히 규정화하고, 문서화 하며 이에 따른 안전활동 평가 결과를 인사평가에 반영한다.

[본사의 각부서간 역할과 책임을 아래와 같이 규정하여 운영한다.]

구 분	역할과 책임	최종 승인사항
000	000	000
000	000	000
000	000	000
000	000	000

[유관부서, 사업장, 현장의 안전활동 평가기준을 아래와 같이 반기 1회 이상 평가한다]

항목	세부내용	평가방법
리더십 발휘	사고예방의 의지, 소통 노력, 제도개선 노력 등	000
안전보건관리체계	안전보건관리체계를 구축하고 정기적으로 개정관리	000
안전보건관리체계 운영현황 (중대재해처벌법 시행령 중심)	- 법적 안전보건 조직구성 및 안전보건관리비 예산운영 - 유해·위험요인 확인 및 개선에 관한 사항(위험성평가) - 협력업체 관리(평가, 점검, 교육 등) - 사고발생시 보고, 원인조사 및 재발방지 대책 적용 - 구성원, 근로자 의견청취 및 비상사태 모의훈련 실시 - 안전보건교육, 작업환경측정, 근로자 건강진단 실시	000

2-2. 안전보건 예산

XXXX는 안전보건에 활동에 필요한 예산 편성과 집행에 대한 사항을 검토하고 승인한다. 관련된 사항은 안전보건 전담인력(조직)에서 산업안전보건법에 따라 계획을 수립하고 보고한다.

[아래와 같이 연간계획을 수립하고 정기적으로 검토 및 필요시 추가 예산을 수립한다]

항 목	세부항목	예산 및 집행시기	비고
000	000	*000*	*000*
000	000	*000*	*000*
000	000	*000*	*000*
000	000	*000*	*000*

3-1. 근로자 참여 활성화

XXXX는 안전보건관리체계가 효과적으로 운영되기 위해 근로자가 자유롭게 참여하여 협의할 수 있도록 제도 및 절차를 수립하여 운영한다.

[근로자 참여를 활성화 하기 위한 책임과 역할은 다음과 같이 정한다]

구 분	역할과 책임
000	000
000	000
000	000
000	000

3-2 근로자 참여 제도

XXXX는 근로자 참여가 정례화 되고 활성화 되도록 각종 제도를 수립하면 근로자가 알 수 있도록 정기적으로 교육하고 게시 및 공지한다. 근로자의 의견이나 청취한 내용은 전체 공지하고 결과에 대해서도 조치 결과를 정기적으로 관리한다. 또한 참여를 독려하기 위해 채택된 제안은 공개하고 이에 대해 각종 인센티브(Incentive) 및 프로모션(Promotion) 제도를 부가적으로 운영한다.

[근로자 참여 및 의견청취를 위해 활동을 아래와 같이 정기적으로 진행한다]

구 분	운영기준	참석자	주요안건
산업안전보건위원회	000	000	000
노사협의체	000	000	000
팀 단위 회의/간담회	000	000	000
작업전/TBM시	000	000	000
000	000	000	000

[근로자 참여 제도 인센티브(Incentive) 및 프로모션(Promotion) 방안]

안전 리더십	안전 SOS	000
- 대상 : 000 - 방안 : 000 - 상금 : 000	- 대상 : 000 - 방안 : 000 - 상금 : 000	- 대상 : 000 - 방안 : 000 - 상금 : 000

4-1. 위험성평가

XXXX는 사업장의 특성에 따른 유해·위험요인을 확인하고 개선하는 업무절차(위험성평가 절차)를 규정하고 제도화한다. 위험성평가를 효율적으로 운영하기 위해서 필요시 계층별 위험예지 훈련을 정례화 한다.

[유해·위험요인 관리 활성화 하기 위한 책임과 역할은 다음과 같이 정한다]

구 분	역할과 책임
000	000
000	000
000	000
000	000

[위험성평가는 최초, 정기, 수시로 구분하여 아래와 같은 기준에 따라 진행한다]

구분	최초평가	정기평가	수시평가	기타
운영기준	- 000 - 000 - 000	- 000 - 000 - 000	- 000 - 000 - 000	- 000 - 000 - 000
주관자	000	0000	000	000
참석대상	000	000	000	000
보고서	000	000	000	000

4-2 위험성평가 절차[첨부 참조]

XXXX는 고용노동부 고시 제2023-19호(사업장 위험성평가에 관한 지침)에 따른 위험성평가 절차를 수립한다. 주요내용은 위험성평가 대상 정의, 위험성평가 실시주체, 위험성평가 주기에 대한 세부적인 기준을 포함하여야 하며 이 절차는 전사 공지하고 운영에 대한 별도 교육을 한다.

위험성평가후 조치사항
- 위험성평가 회의 종료 후 위험성평가표, 회의결과(회의록)은 반드시 기록 보관한다.
- 협력업체 소장/담당자는 위험성평가의 내용을 정기교육 시 근로자들에게 교육한다
- 작업반장은 작업전 TBM시 위험성평가 내용을 근로자에게 교육하고 근로자의 의견을 청취한다
- 관리감독자는 작업중 근로자가 위험성평가표에 따라 안전작업을 하는지 점검을 수행한다

[첨부]

[위험성평가 절차 기준]

구 분	고용노동부 고시 제2023-19호(사업장 위험성평가에 관한 지침)
☐ 위험성 평가	유해·위험요인을 파악하고 해당 유해·위험요인에 의한 부상 또는 질병의 발생 가능성과 중대성을 추정·결정하고 감소대책을 수립하여 시행하는 일련의 과정
☐ 위험성평가 실시주체	사업주가 주체가 되어 안전보건관리책임자, 관리감독자, 안전·보건관리자 또는 안전보건관리담당자, 대상 작업 근로자가 참여하여 역할분담 실시
☐ 위험성평가 주기	- 최초평가 : 사업이 성립된 날(사업개시일)로부터 1개월이내 실시 - 정기평가 : 최초 평가 후 매년 정기적으로 실시 - 수시평가 : 시설, 공정 변경시, 산재발생시 등 실시

[위험성평가 절차 기준]

구 분	세부절차	주 관
사전협의	- 위험요인 및 대책 사전협의 - 실무자간 사전 협의	협력회사 작업반장 근로자 등 실무자
위험성평가 작성	- 위험성평가서 양식에 작성 (IT 시스템이 있는 경우 시스템 내 작성)	협력회사 (하도급사)
위험성평가 검토/승인	- 위험성평가 내용 적정성 확인 및 의견 개진 - 시공/생산 -> 안전/보건 -> 공장장/소장	원도급사 원청사
위험성평가 회의	- 시공/생산 부서 팀장급, 안전/보건, 공장장/소장 참석 - 협력회사 리더급, 근로자 대표 참석 - 최종 관리사항 및 방안 결정, 근로자 대표 의견 청취	//
전파교육 (정기교육)	- 근로자/관리자 대상 최종 승인사항 전달/교육 - 추가 근로자 의견 청취 및 반영	협력회사 소장/리더급
일일안전 점검 (안전조치결과)	- 안전보건관리자, 관리감독자가 위험성평가표상 조치사항 점검 - 점검결과 기록관리 및 공지	전원참여 (역할별)

5-1. 안전보건교육

XXXX는 안전보건관리체계을 운영하고 적용하기 위해 임직원, 협력사, 근로자들이 관계법령에 따른 안전보건교육을 받도록 절차를 규정하고, 필요한 예산과 제반 시설을 확보하고 제공한다. 또한, 이러한 교육들이 제대로 준수되고 있는지를 확인하고 개선사항이 있을 시 예산, 인력, 시설 등 필요한 조치를 시행한다.

[안전보건교육 실시 활성화 하기 위한 책임과 역할은 다음과 같이 정한다]

구 분	역할과 책임
000	000
000	000
000	000
000	000

5-2 계획수립/이행/점검/보고

매년 관계법령에 따라 안전보건교육계획을 수립하고 교육 대상자에게 공지하고 안내한다. 교육을 주관하는 부서에서는 관계법령에 따라 본사, 사업장/현장에서 안전보건교육계획에 따라 교육이 적절하게 이행되고 있는지 점검히고 개선점이 필요한 경우 추가적인 조치를 진행하고 관계법령에 따라 교육실시결과 보고서를 작성하여 XXXX에게 보고한다..

[년간 안전보건교육계획을 아래와 같이 수립하여 실시한다]

교육명	교육내용 (대상자)	시간 (주기)	강사 (예산)	실시일정 1	2	3	4	5	6	7	8	9	10	11	12
000	000	000	000			→									
000	000	000	000												
000	000	000	000									→			
000	000	000	000												
000	000	000	000	→											
000	000	000	000												
000	000	000	000												

6-1. 비상대응

XXXX는 본사/사업장/현장에서 발생할 수 있는 비상사태(중대산업재해, 중대시민재해, 자연재난 등 인적, 물적 피해를 일으키는 안전사고 또는 이러한 사고가 발생할 수 있는 급박한 상황)에 대비한 조직 및 운영절차를 수립하고 정기적으로 훈련을 시행한다. 또한 비상사태'에 대비하여 활동을 수행하는 조직과 개인의 직무, 책임, 권한을 명문화한다.

[비상대응을 위한 본사의 각부서간 역할과 책임을 아래의 조직표에 따른다]

[비상대응을 위한 사전 훈련계획을 아래와 같이 수립한다]

훈련명	목적	참석대상	시기	실시일													준비사항
				1	2	3	4	5	6	7	8	9	10	11	12	
000	000	000	000													000
000	000	000	000				▶									000
000	000	000	000								▶					000

6-2. 재발방지대책

XXXX는 본사/사업장/현장에서 발생한 중대산업재해, 일반재해 및 아차사고 등에 대해 신속한 사고조사와 재발방지대책을 수립 적용하여 동종의 재해가 발생하진 않토록 절차를 명문화 한다.

[재발장지대책을 활성화하기 위한 책임과 역할은 다음과 같이 정한다]

구 분	역할과 책임
000	000
000	000
000	000
000	000

[재발방지대책 등에 관한 업무절차는 아래와 같이 운영한다]
- 사고시 사고발생원인과 재발방지대책이 포함된 보고서를 본사에 보고한다.
- 본사에서는 제출된 사고조사 보고서를 검토하고, 토론하여 재발방지대책을 확정한다.
- 확정된 재발방지대책을 XXXX가 최종 검토 후 전체공지한다.
- 전사업장/현장은 배포된 재발방지대책을 즉시 적용하고 결과를 보관한다.
- 본사는 사업장/현장에서 재발방지대책을 적정하게 이행했는지, 정기적으로 점검한다.

7-1 협력업체 점검/평가

XXXX는 도급·용역·위탁 시 수급인(이하 협력업체)의 재해예방에 충분한 비용과 작업기간 등을 보장하며 안전보건 수준을 평가하여 협력업체 등록, 입찰, 계약시 반영하고 협력업체가의 업무수행시 안전보건관리체계 운영을 원활히 하도록 지원하며, 정기적으로 점검하고 평가하는 절차와 규정을 명문화한다.

[협력업체 관리를 위한 역할과 책임은 다음과 같이 정한다]

구 분	역할과 책임

[협력업체 평가업무절차는 아래와 같이 운영한다]

[등록시/입찰시 평가]	[년간평가]	[수시/정기평가]
• 계약/안전부서는 협력업체 등록/입찰시 검토할 '안전보건평가 기준' 수립 • 협력업체 등록/입찰시 '안전보건평가기준'을 적용하여 최종 계약시 반영한다	• 본사 계약부서/안전보건부서는 매년 협력업체 안전보건 수준평가 계획수립 공지 • 사업장/현장은 매년 협력업체 안전보건 수준평가를 실시하고 본사에 보고한다. • 본사 계약부서/안전보건부서는 협력업체 수준평가 결과를 반영하여 필요한 조치를 한다	• 본사 계약부서/안전보건부서는 협력업체 '평가표와 평가기준'을 수립한다 • 본사에서 사업장/현장점검시(수시점검/정기평가시) 평가표에 따라 협력업체를 평가하고 결과에 따라 필요한 조치를 한다
(반영사항) 가/감점 항목, 필수 항목 등	(필요한 조치) 경고, 계약해지, 등록해지 등	(필요한 조치) 인원교체 요청, 작업중지, 재교육 등

7-2 협력업체 교육/지원

XXXX는 협력업체가 안전보건활동을 원활히 할 수 있도록 필요한 교육과 지원활동계획을 수립하여 운영한다. 계약/안전부서는 매년 교육/지원계획을 수립, 공지하고 일정에 따라 수행한다.

협력업체 교육/지원 계획에 포함될 사항은 다음과 같다.
- 협력업체 대상 법정교육 및 자체판단에 필요한 교육
- 중대재해처벌법 안전보건관리체계 구축을 위한 협력업체 본사 지원
- 동종재해 예방을 위한 재발방지 토론회, 협력업체 의견청취를 위한 안전보건 간담회 등

8-1 성과측정

XXXX는 안전보건관리체계에 따라 실행된 활동의 성과와 적정성을 정성적, 정량적으로 평가하여 안전보건관리체계를 지속적으로 개선하는 절차를 수립한다. 또한 안전보건관리체계 운영에 대한 모니터링, 효율성 검토, 안전관리체계의 적정성 검토 등을 통해 지속해서 안전보건관리체계를 개선한다.

[지속적 개선활동을 활성화하기 위한 책임과 역할은 다음과 같이 정한다]

구 분	역할과 책임
000	000
000	000
000	000
000	000

[모니터링, 측정, 분석 및 성과평가 등에 관한 업무절차는 아래와 같이 진행한다]
- 본사 안전보건조직에서는 매년 1월에 성과평가 계획을 수립 공표한다
- 본사 안전보건조직은 수립된 성과평가 계획에 따라 반기 1회 이상 사업장/현장별 평가를 실시하고, 부적합 사항에 대해서는 시정조치를 요구한다
- 사업장/현장은 매월 자체적으로 방침, 목표 및 추진계획 이행에 대한 평가를 실시
- 사업장/현장은 본사에서 요구한 시정조치 사항에 대하여 개선하여 보고한다.
- 본사 안전보건조직은 성과평가 결과 및 개선사항을 XXXX에게 보고한다.
- XXXX는 안전보건관리체계가 지속적으로 개선될 수 있도록 평가 결과를 확인하고 개선사항을 최종 승인하고 공지 한다.

8-2 반기보고서

안전조직 또는 외부점검 기관을 통해서 반기 1회이상 본사/사업장/현장 전수 점검을 하며 그 결과를 XXXX에게 보고한다(8-1 절차 참조). XXXX는 결과에 대한 개선사항을 지시하고 해당 부서는 관련 조치된 사항을 확인 후 별도 추가 보고한다.

[반기점검 사항은 아래와 같다]
- 경영자 리더십
- 안전보건 조직 및 예산관리
- 근로자 참여(의견청취)
- 유해·위험요인 관리
- 안전보건교육 실시
- 비상시대응 및 재발방지 대책
- 협력업체관리
- 지속적 개선
- 기타

- 본사/사업장/현장 대상
- 각 항목에 대한 전수점검
- 점검결과는 XXXX에게 보고
- 개선사항은 조치 후 추가 보고

반기보고서

구분	세부 점검항목	점검결과	XXXX 지시사항	부적합 내용에 대한 개선 방안 (체계 보완조치 사항)
1. 경영자 리더십	000	000	0000	000
	000	000	000	000
	000	000	000	000
2. 조직 및 예산관리	000	000	000	000
	000	000	000	000
	000	000	000	000
3. 근로자 참여 (의견청취)	000	000	000	000
	000	000	000	000
	000	000	000	000
4. 유해·위험 관리	000	000	000	000
	000	000	000	000
	000	000	000	000
5. 안전보건 교육 실시	000	000	000	000
	000	000	000	000
	000	000	000	000
6.비상대응 및 재발방지 대책	000	000	000	000
	000	000	000	000
	000	000	000	000
7. 협력업체 관리	000	000	000	000
	000	000	000	000
	000	000	000	000
8. 지속적 개선	000	000	000	000
	000	000	000	000
	000	000	000	000

이상의 4가지 파트를 통해 이 책의 핵심 키워드인 'Safety Leadership'을 시작으로 하여 안전문화에서부터 최근 기업체에 가장 큰 이슈인 '중대재해처벌법'까지 다루며 긴 여정을 마무리하였다. 특히 중대재해처벌법은 기업체의 대·중·소 규모에 따라 어떻게 준비할 것인지를 구분하여 실무 차원에 많은 부분을 할애하였다. 마지막 집필하는 기간에 중소 규모 사업장으로 중대재해처벌법이 확대 적용됨에 따라 중소 규모 사업장에서 작성하기 어려워 할 안전관리체계에 대해서는 구체적인 양식도 포함시켰다. 이런 자료는 다른 서적이나 일반자료에서는 쉽게 접하기 어려울 것이다. 그만큼 심혈을 기울여 책을 마무리하게 된 점에 가장 보람을 느낀다. 한편으로는 처음에 의도한 목차와 구성 대비 내용이 다소 방대하게 진행된 것은 아닌지 생각도 해보았다.

　끝으로, 저자로서 바라는 바는 이 책을 통해 기업을 이끄는 리더에게는 시대적, 사회적 혁신의 지렛대로서 안전경영을 제안하고, 소상공인에게는 생존을 위한 최소한의 중대재해처벌법 준비를 위한 해결방안을 제시하며, 일반인에게는 시대적 화두인 안전에 대한 새로운 지식과 재미를 더해 주기를 진심으로 바라는 바이다.

Chapter.5

부록

Global 국가별
주요 산업안전제도 사례

　　이번 장은 Global 선진국별 산업안전 제도를 정리하였다. 크게 2가지로, 첫 번째는 저자가 이 책에서 주로 다루고 있는 안전문화, 안전 리더십과 관련된 제도, 두 번째는 중대재해처벌법에서 가장 중요하게 다루는 위험성 평가에 관한 내용으로 구성하였다. 세부 내용은 2022년 안전보건공단에서 발간한 '해외주요국가 산업안전보건 제도집'의 내용으로, 해당 국가의 실제 제도인 만큼 별도의 편집이나 저자의 의견을 피력하지 않고 전문을 발췌하였다. 미국과 독일편에서는 '기업의 자율예방체계', 영국편에서는 '안전문화 확산', 일본편에서는 '위험성평가'를 발췌하였다. 이외에 각 나라별 세부적인 사항은 안전보건공단의 《2022 해외주요국가 산업안전보건 제도집》을 참조하기 바란다.

■ 1. 미국 : 기업 자율예방체계

미국은 산업안전보건집행을 통한 규제 위주의 정책에서 탈피하고자 4개의 자율프로그램을 운영하여 사업장과 OSHA 간의 자발적인 협력 관계 구축에 힘써 오고 있다.

구분	VPP*	SHARP**	OSPP***	AP****
지원방식	개별사업장 직접지원	개별사업장 직접지원	직접+간접지원	간접지원
도입시기	1982년	1992년	1998년	2002년
대상	대기업 위주 (최근 중소기업 참여율 증가)	250인 이하 중소규모	50인 미만 사업장	희망 사업장
혜택	- VPP기준 충족·인정 후 1년간 정기 감독 면제 - VPP 참여사업장 간 정보공유	- 유해요인 개선·인정 후 1년간 정기 감독 면제 - SHARP 참여사업장 간 정보공유	- 맞춤형 프로그램 적용·운영지원 - 3년간 지속지원 - 성공사례 전파·공유	- OSHA와 협력관계 구축 - 정보·자료의 공동활용 - 우수사례 전파·공유

* Voluntary Protection Program. http://www.osha.gov/dcsp/vpp/index.html
** Safety and Health Achievement Recognition Program. http://www.osha.gov/dcsp/smallbusiness/sharp.html
*** OSHA's Strategic Partnership Program. http://www.osha.gov/dcsp/partnerships/index.html
**** Alliance Program. http://www.osha.gov/dcsp/alliances/index.html

① 자율안전보건프로그램(VPP : Voluntary Protection Program)

개 요

- 1982년에 처음으로 시행된 VPP는 안전보건 의식이 확고한 대기업 사업장과 협력하여, 자율안전보건 체계를 인증해주는 프로그램 운영(최근 중소규모 사업장의 VPP 참여가 증가하여 2022년도 연방정부 지원사업장 중 100인 미만 사업장의 참여가 43.7%에 이르고 있음)

- VPP프로그램은 동종업계 평균 재해율 미만 사업장이 신청할 수 있으며, 인증 후 1년간 정기 감독을 면제해 주고 있음(자세한 신청사업장 자격은 osha.gov/vpp 내용 참고)

대상 및 자격조건
- OSHA의 감독을 받는 모든 사업장은 VPP에 참여 가능
- VPP 지원사업장은 안전보건 관리 시스템과 진행되고 있는 실행 기준에 맞춰 선정되며, 관련 기관과 협력하겠다는 의지가 필요
- OSHA는 철저한 현장 평가와 현장 예방시스템이 얼마나 잘 이루어지고 있는지 평가하고, 현장의 부상, 질병 정도를 재검토

VPP 등급
- STAR : 산재율이 전국 동종업종 평균치 이하로 작업장 유해위험요인들을 파악·개선할 자체적 능력 보유 사업장으로, 매년 3~5년마다 재인증 필요
- MERIT : 효과적 안전보건 경영체계를 가졌으나 아직 개선이 필요한 사업장으로 STAR 등급 사업장만큼의 역량을 3년 이내에 보여야 함
- STAR DEMONSTRATION PROGRAM : STAR 등급처럼 동종업종 평균 재해율 이하 사업장이 법령상의 기준과 다른 방법을 택하거나 또는 안전보건기준이 설정되지 않은 분야에서 우수한 안전보건 프로그램의 운영이 확인된 사업

장

VPP 종류 및 사업장 참여제도

• OSHA는 VPP 참여사업장 확대를 위하여 다양한 파생프로 그램을 운영

구분	내용
VPP Challenge	소규모 사업장에 대해 현재의 안전보건 수준과 상관없이 VPP 참여를 할 수 있도록 지원
VPP Corporate	현재 VPP 프로그램에 참여하고 있는 사업장으로서 동일 사업주의 다른 사업장이 VPP 프로그램에 가입시 신청절차를 대폭 간소화
VPP Construction	임시현장과 같은 건설현장이 안전보건 개선에 소요되는 시간을 줄여 VPP 신청과 참여를 쉽게 하도록 지원

• 아울러 VPP프로그램은 VPP참여사업장에 대하여 VPP 현장평가에 참여할 수 있도록 SGE(Special Government Employee) 제도를 운영하고 있으며, 2018년 기준 약 1,500 명의 SGE를 활용하고 있음

② 안전보건성취인정프로그램(SHARP : Safety and Health Achievement Recognition Program)

개 요

• OSHA의 유해위험요인 조사를 받은 후, 작업장 내 유해위 험요인을 제거하고 지속하기 위한 자율 안전보건경영시스 템 시행하는 경우, OSHA가 이행 실태를 평가한 후 이를 인정하는 프로그램

• OSHA의 컨설팅(On-Site Consultation) 무료지원을 받음으로

서 자율적인 안전보건 프로그램의 지속적 운영이 가능하고 해당 사업장의 생산성 증대는 물론 산업재해율 감소에 기여

참여대상 및 자격요건

- 유해위험요인이 많은 단일, 고정사업장을 중심으로 참여가 가능하며, 설립 후 1년 이상 운영된 250인 미만의 중소 규모 사업장
- 유해위험요인 조사를 OSHA에 직접 요청해야 하며 지적된 사항을 반드시 개선완료 필요
- OSHA 안전보건경영 지침서에 의거 안전보건경영체계를 구축하고 이행하며 전국 평균치 이하의 산업 재해율을 유지하고 신규 위험시설 설치 및 작업조건 변경 시 주 정부 감독관에게 사전 보고 필요

인증서 취득시 장점

- 컨설팅 무료지원, 자율 안전보건 프로그램 지속 운영, 생산성 증대, 산재감소, 감독 면제 혜택 등
- SHARP Alliance에 참여하여 정보를 공유하고 동종업종의 작업장 안전보건 모델로 소개되어 기업 이미지 향상에 긍정적

특이사항

- OSHA는 컨설팅 중 발견된 사업장 위반사항에 대해 과태

료를 부과하거나 사업주를 소환하지 않음

- 사업주명, 방문결과 등에 대해 OSHA는 기밀을 보장. 단, 사업주는 작업장의 변화, 신규 유해 요인 발생시 OSHA에 즉시 보고 필요

③ 전략적 협력프로그램(OSPP : OSHA's Strategic Partnership Program)

- OSHA와 노·사 단체, 노동자 대표 또는 기타 단체 간의 상호 협력적 관계를 기반으로 사업장
- 안전보건 문제해결을 목표로 하는 협력 프로그램 (※ 50인 미만 사업장 대상)
- 주요 목적은 유해요인의 제거, 효과적인 안전보건관리시스템 구축 및 고품질의 근로자 안전 보건 수준 확보
- OSPP에 참가시 협력사항을 문서화하며, 검증은 OSPP참가기관 등 그들이 체결한 협정서 대로 운영되는지 OSHA가 검토 및 평가 실시

④ 협력 프로그램(AP : Alliance Program)
개 요

- 미국 내 사업자의 증가, 규제 중심의 이미지 탈피, 다른 협력 프로그램의 활성화 도모, 재해 예방을 위한 민간단체 활용 등으로 산업안전보건에 대한 사회적 기반을 조성하기 위해 2002년 3월에 제도 도입
- 기업체, 노동조합, 업종별 단체, 전문가협회, 교육기관, 정

부기관 등 다양한 조직과 안전보건에 관한 협력을 실시하고 있으며 산업안전보건 분야의 현안과 기관들의 우선과제 해결을 지원
- 참여대상 및 자격요건은 목표 실행이 가능한 충분한 자원과 조직을 갖추고 있으며 전문지식을 갖춘 직원을 보유한 기관으로서 안전보건 향상에 대한 사업주의 의지가 있고 성과산출물을 전 사업장·근로자 등에게 공표하고자 노력하는 사업장으로 정하고 있음

참여대상 선정 우선 고려사항

- 목표 실행 가능한 웹 사이트, 뉴스레터, 저널, 컨퍼런스 등과 같은 자원 보유 기관
- 교육과정을 개발·실시 가능한 조직과 전문지식을 갖춘 직원을 보유 기관
- 안전보건확산과 같은 특정 목표 달성과 협력해 주도적 역할 수행 가능 기관
- 성과산출물을 전 사업장, 근로자 등에게 공표하고자 노력하는 사업장

참여기관 활동내용

- OSHA가 마련한 표준계약 체결 후 상호협력 위한 목표는 3가지분야*로 구분
  * ① 교육훈련, ② 정보공유 확산, ③ 작업장 안전보건에 관한 국가적 차원의 논의촉진(여론조성)

AP 참여시 장점

- OSHA와 상호신뢰 및 협력관계 형성
- 산업안전보건관련 기관과의 협력관계 구축
- 근로자 안전보건 증진을 위한 효과적인 방법 공유
- 산업안전보건분야의 적극적인 활동기관으로서 인지도 획득

◘ 2. 독일 : 기업의 자율예방시스템

- 노동보호법(1996년) 및 노사자치 입법으로서 재해예방규칙(UVV) 제정을 통해 법규준수 항목을 일일이 나열하여 규정하는 방식에서 벗어나 산업환경에 맞춰 기업 자율의 산재예방 활동이 정착될 수 있도록 법규체계를 개편.
- 연방정부와 주정부 및 직종조합(BGs)이 상호보완적(이원적 조직체계) 역할을 담당하면서 정책수립·법률제정·행정집행 업무를 수행, 핵심 산업안전보건 전략은 각 기관과 노사대표가 참여하는 국가 산업안전보건위원회(NAK*)에서 마련

  (* 연방, 주정부 및 DGUV 대표 각 3인, 사업주와 근로자 대표(고문 자격) 각 3인으로 구성, 산업안전보건 전략 실행을 위한 정책개발, 실행전략 평가)

- 연방정부 및 주정부가 직종조합(BGs)에 사업장 감독에 대한 상당한 권한과 역할을 부여하여 예방활동의 효율성 도모. BGs 감독관은 사업장 감독 및 안전보건자문, 기계설비 검사, 교육훈련 및 정보제공 등 기술지원 수행
- 위험성 평가제도
  - 노동보호법 제5조 및 제6조를 근거로 1996년 도입

- 입법 초기 사용자단체측의 강한 반발이 있었지만, 사업주에게 폭넓게 재량을 인정하는 법 형식을 채택하여 의회가 승인
- 위험성 평가를 실시하지 않은 경우 유해위험물질 시행령 제22조 제1항에 의한 질서위반으로 과태료*부과 대상이 되며, 경우에 따라 동조 제2항에 의거하여 형사기소 가능

(*최대 50,000유로까지 부과)

[사업장의 안전보건 관리 조직]

- 산업보건의 : 관련 법령으로 자격요건 및 교육훈련 내용을 정하고 있으며, 2019년 기준 12,389명이 활동 중
- 안전관리 전문인력(Fachkraft für Arbeitssicherheit·SiFa) : 산업안전보건의와 함께 고용주에게 안전보건 자문
- 안전담당자(Sicherheitsbeauftragte·SiBe) : 20인 이상(고위험 사업장은 20명 이하도 포함) 사업장의 보호구 확인, 안전점검 등 안전보건 활동

◼ 3. 영국 : 안전문화 확산

정 의

- 개인이나 집단의 가치, 태도, 인식, 역량 그리고 행동양식의 결과물로서 조직의 안전 보건 경영 실행, 방식, 숙련도 등을 결정하는 문화. 안전문화는 조직 전체 문화의 하위 집합

안전문화 발전단계

- 안전문화가 성숙될수록, 경영진의 관리에서 모든 조직구
  성원의 참여하는 수준으로 발전
- 안전문화의 단계가 향상될수록 문화 정착에 요구되는 이
  상적인 행동을 지속하고 강화해 나가야 함
  * 발현(Emerging) → 관리(Management) → 참여(Involving) →
    확장(Co-operating) → 지속발전(Continually Improving)

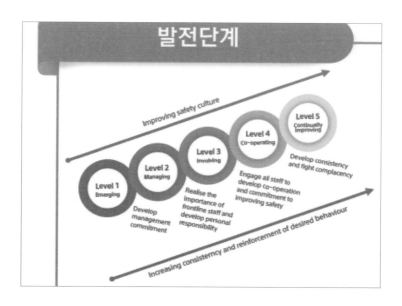

성숙도 모형(Maturity Model)

- Situation: Developing a HSE Safety culture model(SCMM)

- **Elements of the safety culture maturity model**
  - · Management commitment and visibility
  - · Communication
  - · Productivity versus safety
  - · Learning organisation
  - · Safety resources
  - · Participation
  - · Shared perceptions about safety
  - · Trust
  - · Industrial relations and job satisfaction
  - · Training

요소 : 효과적인 안전문화 확산을 위한 요인

- **경영진의 참여** : 조직 전체에 안전문화에 대한 강한 동기부여
- **효율적 관리** : 정기적으로 현장에서 안전보건에 대해 조직 원들과 의견을 나누고 문제 해결을 위한 방법 제시

※ 조직 안전문화 진단을 위한 설문지

① 경영진 참여 ② 커뮤니케이션 ③ 근로자 참여 ④ 교 육훈련 및 정보제공 ⑤ 동기부여 ⑥ 규정·절차 준수 ⑦ 재해·위험에 대한 조직의 태도

→ 현장의 반응, 감독관의 의견 개선 필요성 등을 파악 하는 데 활용

◘ 4. 일본 – 위험성 평가

배 경

- 2006년 개정된 법 시행 이후 위험성 평가제도 전면 도입
- 일본의 위험성 평가 제도는 2006년 「노동안전위생법」 제28조 의2에 "건설물, 설비, 원재료, 가스, 증기, 분진 등에 의하거나 작업행동 그 외 업무에 기인하는 위험성 또는 유해성 등을 조사해 그 결과에 근거하고 이 법률 또는 이것에 근거하는 명 령의 규정에 의한 조치를 강구하는 것 외에 노동자의 위험 또 는 건강장해를 방지하기 위해 필요한 조치를 마련하도록 노 력하여야 한다"라고 규정을 신설한 후 본격적으로 시작됨

일본에서 위험성 평가 제도의 준수율이 높은 이유

- 2006년 법 시행 시기에 맞추어 위험성 평가가 정착되도록 하 기 위해 「노동안전위생법」제 28조의2 제2항에 따라 「위험성 또는 유해성 등의 조사 등에 관한 지침」을 공시하였고 이 지 침이 위험성 평가 실무의 근간을 이룸 (이 지침의 목적은 위험성 평가라는 방법이나 규제에 대한 세부사항을 규정하는 것이 아니라 사업자 가 실제로 자기 사업장의 유해위험요인에 대해 자주적으로 안전위생활동을 하도록 촉진하는 데 있음)
- 또한 2006년 전부터 이미 '자주적 안전관리' 및 '안전보건경영 시스템(OHSMS)'의 개념과 원리에 따른 산업안전보건관리를 시 행하도록 유도한 바 있음 (이 지침의 목적은 위험성 평가라는 방법이 나 규제에 대한 세부사항을 규정하는 것이 아니라 사업자가 실제로 자기 사

업장의 유해위험요인에 대해 자주적으로 안전위생활동을 하도록 촉진하는
데 있음)

- 특히 대기업과 중소기업에 대한 위험성평가 전략은 다를 수
있으므로 중소기업에서의 위험성평가를 장려하고, 중앙노동
재해방지협회에서는 특정 산업단체 지원 및 위험성평가 시스
템 보급을 추진함

특 징

- 위험성 평가제도의 도입을 계기로 「노동안전위생법」 규제
이념과 방식에 커다란 변화가 있었던 것으로 평가
- 위험성평가 제도를 도입하기 직전인 2005년도와 2013년
의 조사결과를 비교해 보면, 2005년도 조사에서는 일본
사업장의 약 20%가 이미 위험성 평가를 실시하고 있었다
가 2013년도 조사에서는 일본 사업장의 약 53.1%가 위험
성 평가를 실시하고 있는 것으로 나타남 (2013년도 조사 중 위
험성평가 실시 여부 비율을 보면, 노동자 규모 1,000인 이상인 사업장은
72.2%, 300-499인 사업장은 75.1%, 100-299인 사업장은 69.7%, 30-49
인 사업장은 56.8%으로 나타남)
- 일본은 위험성 평가라는 취지와 원리가 이미 사업장에 하
나의 산업안전보건 관리방식으로 자리 잡고 있음을 알 수
있으며 소규모 사업장의 안전 관리 방식으로 실행가능하다
는 것을 시사

((안전보건공단 - 2022 해외주요국가 산업안전보건 제도집))
(2022년) * 일부 발췌

중대재해처벌법
Q&A

중대재해처벌법 준비 로드맵에 따라 단계별 준비 전에 기업체에 해당되는 중대재해처벌법 사항들을 스터디(Study)할 필요가 있다. 중처법의 업종별 적용이 방대하고 사고 케이스별(Case)별 해석이 다양할 수 있기 때문이다. 시중에 관련된 설명 및 내용이 쏟아져 나와 있으며, 2022년 1월 중대재해처벌법 적용 후 조사 및 판결 사례(Case)가 쌓이면서 관련된 자료들이 누적되어 쉽게 접할 수 있다.

저자는 그중에서도 서울시에서 게시하는 '중대재해처벌법 Q/A'를 추천하겠다. 중소규모 기업에서 필요한 내용을 알기 쉽게 필요한 내용만 정리가 되어 있다. 이 Q/A는 중대재해처벌법 소관 주무부처 해설서(고용노동부, 국토교통부, 환경부, 소방청) 및 질의회시집(고용노동부)을 참조하여 작성한 내용이다.

(여기서 일반 기업체에 직접적으로 영향이 없는 중대시민재해의 내용은 제외하였다)

■ A. 중대재해처벌법 개요

Q1. 「중대재해처벌법」의 핵심인 '안전보건관리체계'의 의미는?

「중대재해처벌법」은 기업이 스스로 '안전보건관리체계'를 구축·이행하여 중대재해를 예방하는 것을 목표로 하고 있으며, 안전보건관리체계는 기업별로 사업장·시설에 어떤 유해·위험요인이 있는지 확인하고, 이를 제거·대체·통제하는 등 개선조치를 할 수 있는 시스템을 마련·이행하는 것입니다.

Q2. 「중대재해처벌법」상 중대산업재해와 중대시민재해의 차이는?

「중대재해처벌법」은 기업이 스스로 '안전보건관리체계'를 구축·이행하여 중대재해를 예방하는 것을 목표로 하고 있으며, 안전보건관리체계는 기업별로 사업장·시설에 어떤 유해·위험요인이 있는지 확인하고, 이를 제거·대체·통제하는 등 개선조치를 할 수 있는 시스템을 마련·이행하는 것입니다.

Q3. 「중대재해처벌법」상 안전·보건 확보의무의 발생 요건이 되는 '실질적으로 지배·운영·관리'한다는 것의 의미는?

「중대재해처벌법」에서는 사업주 또는 경영책임자가 '실질적으로 지배·운영·관리'하는 사업 또는 사업장, 공중이용시설 또는 공중교통수단의 중대재해 예방을 위하여 안전·보건 확보 조치를 하여야 함을 규정하고 있습니다. 이때 '실질적으로 지배·운영·관리'한다는 것은 사업장, 시설 등에서 조직, 인력, 예산 등에 대한 결정을 총괄하여 행사하는 것으로, 유해·위험요인을 파악하고 제거·통제할 수 있도록 권한을 행사할 수 있는 상태를 의미합니다.

도급·용역·위탁 등을 행한 경우, 수급인이 작업장소나 시설·설비 등을 직접 소유하거나 도급인이 아닌 제3자로부터 임차하여 사용하는 경우에는 도급인 등이 실질적으로 지배·운영·관리한다고 보기 어려울 것입니다.

Q4. 「중대재해처벌법」상 의무 이행 사항에 대하여 사업주 또는 경영책임자의 결재가 필요한지?

기업의 사업주 또는 경영책임자는 「중대재해처벌법」상 의무를 이행해야 하는 주체이며, 의무위반으로 중대재해가 발생한 경우 처벌 등 법적 책임을 지게 됩니다.

따라서 기업의 안전보건 인력·조직이 「중대재해처벌법」상 의무 이행과 관련한 주요 업무를 수행하는 과정에서 사업주 또는 경영책임자가 보고를 받고 결재할 필요가 있습니다.

Q5. 경영책임자 외의 업무담당자도 「중대재해처벌법」에 따라 처벌될 수 있는지?

「중대재해처벌법」의 의무주체는 사업주 또는 사업을 대표·총괄하는 경영책임자이므로, 경영책임자에 해당하지 않는 업무담당자는 「중대재해처벌법」을 적용받아 처벌되지 않을 것입니다. 다만 업무담당자가 사업장·시설 점검 등 안전관리 업무를 부실하게 한 경우, 「산업안전보건법」·「시설물안전법」 등 관련 법령 위반, 「형법」상 업무상과실치사상죄로 처벌될 수는 있습니다.

Q6. 중대재해가 발생하면 사업주 또는 경영책임자가 「중대재해처벌법」상 의무를 다하였음에도 처벌되는지?

「중대재해처벌법」은 사업주 또는 경영책임자가 '안전·보건 확보의무를 위반하여 중대재해가 발생한 경우'에만 처벌된다고 규정하고 있습니다.

따라서 사업주 또는 경영책임자가 법상 안전·보건 확보의무를 이행하였다면, 중대재해가 발생하였더라도 처벌되지 않습니다.

Q7. 부상, 질병을 일으킨 '동일한 사고', '동일한 유해요인/원인'의 의미는?

'부상'을 일으킨 '동일한 사고'는 하나의 사고, 또는 시간·장소적으로 근접성을 갖는 일련의 과정에서 발생한 사고를 말하며, '질병'을 일으킨 '동일한 유해요인'(중대산업재해), '동일한 원인'(중대시민재해)은 질병의 발생 원인, 즉 재해요인(유해인자)이 객관적으로 동일한 것을 의미합니다.

◙ B. 중대산업재해

Q8. 「중대재해처벌법」과 「산업안전보건법」의 차이는?

「중대재해처벌법」과 「산업안전보건법」은 산업재해 예방을 위한 법률인 점에서는 같지만, 의무주체와 보호대상이 다르기 때문에 각각 적용될 수 있습니다.

구분	산업안전보건법	중대재해처벌법
의무주체	사업주(개인, 법인)	사업주, 경영책임자
보고대상	근로자, 수급인의 근로자, 특수형태근로종사자	근로자, 노무제공지, 수급인, 수급인의 근로자 및 노무제공자

의무내용을 보면, 「중대재해처벌법」은 사업주, 경영책임자 등이 안전·보건에 관한 경영시스템을 관리, 감독하는 내용의 안전·보건 확보의무를 부담하며, 「산업안전보건법」은 개별 사업장에 대한 사업주의 안전·보건 조치 의무를 규정하고 있습니다.

Q9. 중대산업재해 규정은 모든 회사에 적용되는지? 일부 사업장이 상시 근로자 5명 미만인 경우 법 적용은?

기업의 업종, 영리·비영리 여부, 사무직만 사용하는지 여부 등과 무관하게, 상시 근로자 5명 이상인 '사업 또는 사업장'(기업)이라면 「중대재해처벌법」상 중대산업재해 규정의 적용대상입니다. 또한 「중대재해처벌법」의 적용 단위는 경영상 일체를 이루는 '사업 또는 사업장' 전체이므로, (개별 사업장의 인원이 5명 미만이더라도) 기업 본사와 소속 사업장의 상시 근로자를 합한 수가 5명 이상이라면 「중대재해처벌법」이 적용됩니다.

Q10. 「중대재해처벌법」상 '상시 근로자' 수는 어떻게 산정하는지?

'상시 근로자'는 「근로기준법」상의 근로자를 말하며, 결근·휴직 등 고용상태가 유지되고 있는 근로자, 기간제 근로자, 일용 근로자, 파견근로자는 상시 근로자 산정에 포함합니다. 다만 하청·협력업체 등 도급·용역·위탁 등을 행한 제3자의 근로자는

'상시 근로자' 산정 시에는 포함되지 않습니다.

Q11. 출퇴근 중 교통사고가 발생하면 중대산업재해인지?

「중대재해처벌법」상 '중대산업재해'는 「산업안전보건법」상 산업재해를 전제로 합니다. 그런데 직원 개인 소유 자동차나 대중교통으로 출퇴근 중 운전자 또는 제3자 과실로 교통사고가 발생하였다면, 이는 「산업안전보건법」상 산업재해에 해당하지 않으므로, (「산재보험법」상 보상되는 업무상 재해에 해당되더라도) 「중대재해처벌법」상 중대산업재해에는 해당하지 않습니다. (※ 단, 개별 사례에서 구체적 사실관계에 따라 실제 법 적용 및 처벌 여부는 달라질 수 있습니다.)

Q12. 사업장을 임대한 경우 임대인에게 「중대재해처벌법」상 책임이 있는지?

사업장을 임대한 경우에는 임차인이 해당 장소에 대해 실질적으로 지배·운영·관리하므로 임대인은 「중대재해처벌법」상 책임을 지지 않습니다.

다만 계약 형식이 임대차라도, 임대인이 실질적으로는 도급인으로서 해당 임대장소 등을 실질적으로 지배·운영·관리하고 있다면 「중대재해처벌법」상 도급인으로서 책임이 있습니다.

Q13. 「산업안전보건법」에 따른 정기 위험성평가(연 1회)를 실시하면 「중대재해처벌법」상 유해·위험요인의 확인·개선 점검(반기 1회)을 한 것으로 인정되는지?

사업장을 임대한 경우에는 임차인이 해당 장소에 대해 실질적으로 지배·운영·관리하므로 임대인은 「중대재해처벌법」상 책임을 지지 않습니다.

다만 계약 형식이 임대차라도, 임대인이 실질적으로는 도급인으로서 해당 임대장소 등을 실질적으로 지배·운영·관리하고 있다면 「중대재해처벌법」상 도급인으로서 책임이 있습니다.

Q14. 제3자에게 도급·용역·위탁 등을 행한 경우, 제3자(수급인)의 종사자에 대한 도급인의 「중대재해처벌법」상 책임은?

제3자에게 도급·용역·위탁 등을 하는 개인사업주 또는 법인·기관의 경영책임자는, 도급인의 사업장이나 도급인이 지정·제공하는 등 실질적으로 지배·관리하는 장소에서 작업하는 그 제3자(수급인)의 종사자의 안전·보건을 확보하기 위하여 다음과 같은 의무를 이행해야 합니다.

① 수급인의 산업재해 예방 조치 능력과 기술을 평가하는 기준과 절차를 마련하고, 수급인의 업무수행 시 요구되는 안전·보건을 위한 관리비용에 관한 기준을 설정하며, 건설업 및

조선업의 경우 안전·보건을 위한 공사기간·건조기간 기준을 마련하여 이를 계약 내용에 반영하여 도급 등이 이루어지는지 반기 1회 이상 점검해야 합니다(시행령 제4조 제9호).

② 또한 도급인의 사업장 또는 도급인이 실질적으로 지배·운영·관리하는 장소 등에서 이루어지는 작업의 경우, 그 제3자(수급인)의 종사자에게 중대산업재해가 발생하지 않도록 도급인 스스로 「중대재해처벌법」 제4조의 안전·보건 확보 의무를 이행해야 합니다(법 제4조, 제5조).

Q15. 상시 근로자 수 5명 미만인 하청(수급인) 근로자에게 중대산업재해 발생 시, 원청(도급인)도 책임이 있는지?

도급인과 수급인은 각자의 소속 상시 근로자 수를 기준으로 「중대재해처벌법」 적용 여부를 판단하게 됩니다. 따라서 원청(도급인) 상시 근로자가 5명 이상이라면 하청(수급인)과 무관하게 「중대재해처벌법」이 적용되므로, 원청(도급인)이 지배·관리하는 현장에서 작업하는 하청(수급인) 근로자에게 중대산업재해가 발생한 경우, 원청(도급인)의 경영책임자가 「중대재해처벌법」상 책임을 질 수 있습니다.

□ C. 의무이행사항 관련

Q16. '재해 발생 시 재발방지 대책 수립' 관련, 사소한 재해가 발생한 경우에도 재발방지 대책을 수립해야 하는지?

'재발방지 대책 수립'의 대상이 되는 재해는 반드시 중대(산업·시민)재해에 이른 것만을 의미하는 것이 아니며, 경미하고 사소한 재해라도 그것이 반복적으로 발생하거나, 방치될 경우 큰 사고로 이어질 위험이 있다면(아차사고 등) 재발방지 대책 수립의 대상이 되어야 합니다.

Q17. '중앙행정기관·지방자치단체가 관계 법령에 따라 개선·시정을 명한 사항'의 이행 방법은?

중앙행정기관 또는 지방자치단체가 관계 법령에 따라 시행한 개선·시정 명령은 안전 및 보건 확보와 관련이 있는 행정처분을 의미하고(서면 시행이 원칙), 행정 지도나 권고, 조언은 포함되지 않습니다.

특히 안전·보건 관계 법령에 개선·시정 명령에 따른 구체적인 조치계획, 결과 보고를 규정하고 있는 경우 그에 따라 이행 조치를 하면 됩니다.

Q18. '안전·보건 관계 법령상 의무 이행 점검'은 기업에서 직접 실시해야 하는지?

'안전·보건 관계 법령에 따른 의무 이행 점검'은 각 기업의 특성, 규모 등 제반 사정에 비추어 다양한 방식으로 수행될 수 있고, 사업주 또는 경영책임자가 직접 수행하거나, 소속 직원이나 조직 등에게 수행하도록 하고 보고를 받을 수도 있습니다.

또한 해당 안전·보건 관계 법령에 따라 중앙행정기관의 장이 지정한 기관 등에 위탁 점검하는 것도 가능하나, 직접 점검하지 않는 경우에는 점검 후 지체없이 그 결과를 보고 받아야 합니다.

Q19. '안전·보건 관계 법령상' 법정 교육의무가 없는 경우, 「중대재해처벌법」에 근거하여 별도 교육을 실시해야 하는지?

중대재해처벌법 시행령」(제5조, 제9조, 제11조)에서 규정하는 교육 실시·점검 의무는 기존의 안전·보건 관계 법령에 따른 교육 실시 등을 점검하고, 미흡한 경우 조치할 의무를 부여하는 것입니다.

따라서 「중대재해처벌법」상 새로운 교육을 실시할 의무가 발생하는 것은 아닙니다.

((서울특별시)) 중대재해처벌법 Q&A
https://news.seoul.go.kr/safe/punishment-qna#cont1-7

중대재해처벌법
Self Checklist

　중대재해처벌법 준비 로드맵에 따라 안전보건경영체계를 수립하고 적용하게 되면 기업이 중처법의 요구 조건에 따라 이 안전보건경영체계를 올바르게 이해하고 운영하고 있는지, 아니면 방법, 형식을 보완해야 할지를 기업 스스로 확인할 필요가 있을 것이다. 물론 외부 점검기관이나 컨설팅 회사를 통해 도움을 받을 수도 있으나 기업 자체적으로 진행하게 되면 좀 더 내실있게 진행될 것이며 스스로 확인하는 그 과정에 큰 의미를 둘 수 있다.

　다음은 고용노동부에서 안내한 항목별 중대재해처벌법 운영 체크리스를 정리한 것으로 기업체에서 이를 통해 안전보건경영체계가 중대재해처벌법에 맞게 적용되고 있는지를 어느 정도 확인할 수 있다. 내용이 다소 수준이 높을 수 있겠으나 어느 정도 수준까지 안전경영을 해야 할 것인지에 대한 명확한 내용으로, 기업체 수준을 파악하는 데 큰 도움이 될 것이다. 주의할 점은 항목마다 스스로 Yes, No가 판단이 가능할 것이며, 이에 따라 Yes가 차지하는 비율이 몇 퍼센트 이상이면 중대재해처벌법 위반이 아니라고 판단하는 자료는 아니며, 가능한 한 전체가 다 Yes가 되도록 관리하는 것이 중요하다. 완벽하게 중대재해처벌법을 대비한다는 차원에서 보면, 발생한 사고의 원인이 아래 어떤 항목을 준수하지 않아서 그것이 사고의 원인이 되었다고 판단된다면 그것이 중대재해처벌법 위반의 근거가 될 수도 있기 때문이다.

◾ [경영자 리더십 : Checklist]

내용	Yes	No
1. '작업자의 생명 보호'와 '안전한 작업환경 조성'을 기업 경영의 우선 가치로 삼고 있다.	☐	☐
2. 안전보건 목표와 개선의지를 담은 안전보건 경영방침을 수립하고 그 적정성을 주기적으로 검토한다.	☐	☐
3. 안전보건 경영방침을 작업현장, 홈페이지, 게시판 등에 게시하여 현장에서 일하는 작업자가 알고 있다.	☐	☐
4. 안전보건에 관한 목표를 설정하고 목표 달성을 위한 실행계획을 수립한다.	☐	☐
5. 본사에 안전·보건에 관한 업무를 총괄·관리하고, 현장의 안전보건 관리체계 이행 여부를 확인할 수 있는 전담조직을 갖춘다.	☐	☐

6. 경영책임자 주재 안전보건 회의를 주기적으로 개최하여 안전보건 관리체계의 정상적인 작동 여부를 확인한다.	☐	☐
7. 건축공사를 도급받거나 직접 설계할 때에는 재해예방에 필요한 가설구조물과 안전시설물 등이 반영되고 적정 공사기간과 공사비용이 산정되었는지 확인한다.	☐	☐
8. 건설공사를 착공하기 전에는 적정한 가설구조물과 안전시설물이 설계되어 있고, 적정한 공사기간과 공사비용이 산정되었는지 확인한다	☐	☐
9. 설현장별 위험요인을 제거·대체, 통제하기 위한 구체적인 계획을 수립하고, 이행에 필요한 예산을 배정한다.	☐	☐
10. 예상치 못한 건설현장의 위험요인도 즉시 제거·대체, 통제할 수 있도록 적정한 예산을 확보한다.	☐	☐
11. 안전관리자, 보건관리자, 작업지휘자, 신호수, 화재감시자 등 현장의 안전보건 관리를 위한 인력을 충분히 확보한다.	☐	☐
12. 안전보건관리체계의 효과적인 이행을 위해 안전보건 담당자의 적절한 근로조건을 보장하고 경력개발을 지원한다.	☐	☐
13. 본사 및 현장의 안전보건 담당자의 지도·권고 등이 원활하게 이행될 수 있도록 권한을 부여한다.	☐	☐
14. 본사 및 건설현장별로 구성원의 권한과 책임 및 업무 절차를 정하고, 그 적정성을 주기적으로 검토한다.	☐	☐
15. 본사안전보건관리체계 구축·이행은 안전관리자·보건관리자만의 업무가 아닌 경영책임자와 관리자의 기본적인 업무임을 명확히 한다.	☐	☐
16. 현장작업자 등 구성원들이 안전보건활동에 참여할 수 있는 절차를 마련하고, 시간을 보장한다.	☐	☐
17. 사업주는 안전보건활동에 적극적인 참여자에게 인센티브를 제공하는 등 참여를 위한 분위기를 조성한다.	☐	☐

내용	Yes	No
1. 안전보건 경영방침과 목표, 산업안전보건법령의 주요 내용, 안전 보건관리규정, 산업안전보건위원회, 노사협의체 의결사항 등을 홈페이지 및 현장의 게시판 등에 공지한다.	☐	☐
2. 현장 내 위험기계, 유해물질, 추락·화재·폭발 위험장소 등을 해당 작업과 연관된 작업자가 알고 있다.	☐	☐
3. 건설현장별 산업재해 및 아차사고 발생 현황 등을 모든 작업자에게 공개한다.	☐	☐
4. 현장 내 구성원들이 참여할 수 있는 공식적인 위험요인 제보, 개선방안 건의 등 의견수렴 절차를 마련하고, 이를 적극적으로 알린다.	☐	☐
5. 산업안전보건위원회, 도급인·수급인 안전보건 협의체 등을 통해 구성원의 의견을 적극적으로 수렴한다.	☐	☐
6. 작업 전 안전미팅(TBM), 안전제안활동, 위험요인 신고함 등 구성원의 의견을 수렴하는 절차를 운영한다.	☐	☐
7. 위험성평가 시 해당 작업과 연관된 작업자를 참여시킨다.	☐	☐
8. 건설현장 단위로 붕괴, 화재·폭발 등 주요 위험요인별 재해 발생 시나리오에 따른 비상훈련 시 해당 작업과 연관된 작업자를 참여시킨다.	☐	☐
9. 위험요인 신고, 제도개선 제안 시 인센티브를 부여한다.	☐	☐
10. 위험요인 신고 및 개선방안 제안자에게 불이익이 없도록 하여 자유롭게 의견을 제시할 수 있도록 한다.	☐	☐
11. 신고 및 제안에 대한 조치 결과를 정기적으로 공개한다.	☐	☐

◘ 위험요인 확인 & 개선 : Checklist

내용	Yes	No
1. 발주자 및 설계자가 작성한 기본안전보건대장과 설계안전보건대장을 확인한다.	☐	☐
2. 작업환경이 수시로 변하는 건설현장의 특성을 고려하여 시공계획을 수립하고, 공사안전보건대장을 작성하고 이행한다.	☐	☐
3. 본사-현장, 원청-협력업체 간 유기적인 의사소통 체계를 구성하고 운영한다.	☐	☐
4. 위험요인별 안전관리계획 마련 시 안전보건 담당자뿐만 아니라 현장작업자, 관리감독자, 안전보건관리책임자가 참여한다.	☐	☐
5. 본사의 안전보건 전담조직과 현장의 안전보건관리책임자, 안전관리자 등은 작업장 순회 점검 등을 통해 위험요인 관리상황을 수시로 점검한다.	☐	☐
6. 건설재해예방전문지도기관의 지적사항에 대해 확인·개선한다.	☐	☐
7. 안전시설장비, 가설자재 및 개인보호구 반입 시 검수하는 절차를 두고 이에 따라 운영한다.	☐	☐
8. 가설통로, 작업발판, 갱 폼 등 임시가설물의 안정성을 검토하는 절차를 두고 이에 따라 관리한다.	☐	☐
9. 건설기계 등 장비의 안전성을 확인하는 절차를 갖추고(반입 시, 작업 전), 용도에 맞게 사용하며, 작업반경 통제, 신호수 배치 등으로 작업자와의 충돌 등을 차단한다.	☐	☐
10. 주요 위험작업에 대해 사전조사를 실시하고 작업계획서를 작성하며, 본사는 사전조사·작업계획의 적정성을 검토하고 이행을 점검한다.	☐	☐

내용	Yes	No
11. 핵심 위험작업에 대해서는 작업허가제(Permit to work)를 운영한다.	☐	☐
12. 작업별 위험요인을 작업 전에 한 번 더 확인하고 (D-1), 작업 직전에 안전미팅 (TBM) 등을 통해 모든 작업자가 확인한다 (D-day).	☐	☐
13. 해빙기, 장마철, 동절기, 폭염, 한파 등 취약시기에 대비하여 지반침하, 붕괴 등 핵심 위험요인별 통제방안을 수립하고 이행한다.	☐	☐
14. 설계, 공법, 작업 등의 변경사항 발생시 적절한 안전관리를 위한 절차(본사 승인, 전문가 검토 등)을 두어 관리한다.	☐	☐
15. 천재지변 등 불가항력적 사유나 발주자에게 책임이 있는 사유로 건설공사가 지연될 경우에는 발주자에게 공사기간 연장을 요청한다.	☐	☐
16. 건설공사비를 줄이기 위해 위험성이 높은 공법을 사용하거나 공사기간을 단축하지 않는다.	☐	☐

■ 안전교육 : Checklist

내용	Yes	No
1. 현장의 관리자(수급인 소속 포함)가 시공계획에 따른 안전확보 방안을 완전히 이해할 수 있도록 교육한다.	☐	☐
2. 건설현장의 특성에 맞게 교육계획을 수립하고 실시한다.	☐	☐
3. 본사에서는 현장에서 활용할 수 있는 기본교재를 마련한다.	☐	☐

내용	Yes	No
4. 법령에 따른 필수적인 교육을 이수하지 못하거나 자격이 없는 자가 현장에서 작업할 수 없도록 한다.	☐	☐
5. 작업허가제 등 위험요인 통제방안, 개인보호구 활용 등을 제대로 숙지하지 못한 자에 대해서는 별도의 교육을 실시한다.	☐	☐
6. 작업 전 안전미팅(TBM) 등을 통해 현장의 모든 작업자가 위험요인을 충분히 인식하고 작업을 하도록 한다.	☐	☐
7. 현장 소속 작업자가 우리 회사의 안전보건관리체계를 충분히 이해할 수 있도록 조치한다.	☐	☐
8. 현장 소속 작업자가 안전·보건교육을 제대로 실시하도록 교육 자료와 교육 장비 등을 지원하고, 적절하게 실시하였는지 확인한다.	☐	☐
9. 산업안전보건법령에 따른 교육*을 실시하고 관리한다. * 건설업기초안전보건교육 4시간 등 (산업안전보건법 시행규칙 별표 4)	☐	☐

■ 비상조치계획 수립 : Checklist

내용	Yes	No
1. 공종별·공정별로 어떤 재해가 발생할 수 있는지를 검토하여 중대재해로 이어질 수 있는 재해요인의 유형 및 형태, 사고 발생 시 초래될 결과 등을 확인하고 예측한다.	☐	☐

2. 현장별로 위험성이 높은 위험요인에 대해 재해 발생 시나리오 및 조치계획을 작성하고 본사(안전전담조직)는 적정성*을 확인한다. * 필요한 인력 및 시설·장비 적정 포함 여부, 작업중지·작업자 대피·위험요인 제거 등 대응조치의 적정 여부, 재해자 구호 조치 및 추가피해 방지를 위한 조치 적정 여부, 상황보고 및 전파체계·조치별 대응조직 및 담당자의 역할 적정 여부	☐	☐
3. 산재 발생의 급박한 위험이 있는 경우 사업주는 그 즉시 작업을 중지하고 작업자를 대피시키는 절차를 마련한다.	☐	☐
4. 산재 발생의 급박한 위험이 있는 경우 현장 작업자(협력업체)가 언제든지 작업중지를 요청할 수 있는 절차를 마련한다.	☐	☐
5. 중대재해 등 비상상황이 발생한 경우 최초 사고현장을 발견한 사람이 그 현장 상황을 소방서에 지체없이 알리고, 관할 지방 노동관서에 중대재해발생사실을 보고하는 내용에 대해 사전 교육한다.	☐	☐
6. 비상상황에 대비하여 병원, 소방서 등 유관기관과의 협조체계를 마련한다	☐	☐
7. 비상조치계획에 따라 주요 공종별로 훈련하고, 훈련 과정에서 발견된 문제점을 검토하여 조치계획을 개선한다.	☐	☐
8. 가설통로, 작업발판, 갱 폼 등 임시가설물의 안정성을 검토하는 절차를 두고 이에 따라 관리한다	☐	☐

■ 도급·용역·위탁 시 안전보건 확보 : Checklist

내용	Yes	No
1. 도급·용역·위탁 등 계약 시 수급인(협력사) 등에게 적정한 비용과 기간을 보장한다.	☐	☐
2. 도급·용역·위탁 등 계약 시 수급인(협력사) 등의 안전보건 수준을 평가하는 기준과 절차를 마련한다.	☐	☐
3. 도급·용역·위탁 등 계약 시, 우리 회사의 안전보건관리체계를 이행하도록 하고, 불이행에 대한 제재 방안을 마련한다.	☐	☐
4. 도급·용역·위탁 계약 내용이 적정한 비용과 기간을 보장하고 안전보건 역량을 갖춘 수급인 등을 선정하였는지 정기적으로 점검한다	☐	☐
5. 수급인(협력사) 등이 공사비를 줄이기 위해, 공법을 변경하거나 공사 기간을 단축하지 않도록 한다.	☐	☐
6. 수급인(협력사) 등의 책임이 아닌 사유로 건설공사가 지연될 경우, 적정한 수준의 비용과 기간을 보장한다.	☐	☐
7. 도급·용역·위탁 시 현장의 모든 위험요인과 위험요인별 통제방안 등에 관한 정보를 제공한다.	☐	☐
8. 수급인(협력사) 등이 자유롭게 위험요인 신고, 개선방안 건의 등을 할 수 있는 절차를 마련하고, 그에 대한 처리결과를 제공한다.	☐	☐
9. 현장별로 수급인(협력사) 등의 안전보건 활동을 지원하는 인력을 지정한다.	☐	☐
10. 수급인(협력사) 등의 주요 위험작업에 대해서는 작업허가제를 통해 관리한다.	☐	☐
11. 관계수급인(협력사)이 실시하는 위험성평가, 안전보건교육 등이 적정한지 확인한다.	☐	☐

내용	Yes	No
12. 도급·용역·위탁 업무 시 안전보건관리체계 이행 수준을 평가하고, 향후 계약에 활용한다.	☐	☐
13. 본사 차원에서 현장별 수급인(협력사) 등의 안전보건관리체계 이행여부를 주기적으로 점검한다	☐	☐

◘ 평가 및 개선 : Checklist

내용	Yes	No
1. 본사 및 현장의 전 부서 및 구성원을 대상으로 안전보건에 관한 성과를 평가한다.	☐	☐
2. 안전보건에 관한 평가 시 작업자의 의견 검토 및 반영, 도급·용역 ·위탁 시 안전·보건 관리에 관한 사항을 포함한다.	☐	☐
3. 안전보건에 관한 성과평가 결과를 다음 연도 목표설정 및 실행계획 수립에 반영한다.	☐	☐
4. 본사 안전팀 및 사업팀 등의 업무가 계획 및 내부규정에 따라 운영되는지 주기적으로 확인한다	☐	☐
5. 현장의 안전보건관리체계가 계획 및 내부규정에 따라 운영되는지 주기적으로 확인한다	☐	☐
6. 산업재해 발생 시 사고의 원인을 찾기 위해 조사팀을 구성하여 현장의 문제점을 조사한다.	☐	☐
7. 산업재해 발생 시 사고의 근원적인 원인을 찾기 위해 업무절차 및 자원배정의 적정성 등 안전보건관리체계 전반을 점검한다.	☐	☐
8. 본사 주도의 현장 안전보건 점검을 사내규정*에 따라 실시한다. (점검팀 구성, 점검 종류, 점검 주기, 점검 방법 등 규정)	☐	☐

9. 점검 결과 발견된 문제 및 개선방안은 사업주에게 보고하고, 작업자에게 교육 등을 통해 전파한다.	☐	☐
10. 도출된 문제 및 개선방안 마련시 근원적인 문제점이 개선되도록 충분한 자원을 배정한다.	☐	☐
11. 점검 결과 마련된 개선방안은 개선시기, 담당, 예산·인력 배정방안을 포함하여 조치계획을 수립한다.	☐	☐
12. 중대재해처벌법에 규정된 안전보건관리체계 관련 점검·평가 의무를 이행한다. (유해·위험요인 개선, 안전보건관리책임자 등의 업무 수행, 작업자 의견 청취, 비상조치 매뉴얼, 도급·용역·위탁)	☐	☐
13. 본사 차원에서 현장별 수급인(협력사) 등의 안전보건관리체계 이행여부를 주기적으로 점검한다.	☐	☐

⌦ 미주 & 참고문헌

1. 《뉴시안》(2023.09.07.) / [진단] '인력난' 심각한 중소기업, MZ세대 마음 사로잡으려면(https://www.newsian.co.kr/news/articleView.html?idxno=63478)

2. 《대학내일20대연구소》(2022.05.12.)/[EX시대] MZ세대 인재가 원하는 회사의 필요 조건(https://www.20slab.org/Archives/38216)

3. 〈팀내 과업 및 관계갈등간 영향관계에서 참여적 안전 풍토의 조절역할에 관한 연구〉(https://www.dbpia.co.kr/Journal/articleDetail?nodeId=NODE08968225)

4. 《조선일보》(2014.05.14.) / [안전경영] 안전한 현장에서 생산성도 높아져… '빨리빨리'는 가장 경계할 문화(https://biz.chosun.com/site/data/html_dir/2014/05/13/2014051302613.html)

5. 《사례뉴스))(2017.04.26.》 / [조직문화] ⓒ 핵심습관을 설계하고, 조직을 혁신하라_한만두식품 조직혁신 사례(https://www.casenews.co.kr/news/articleView.html?idxno=203)

6. 《CEONEWS》(2023.11.27.) / [김성제의 안전경영칼럼 7] ESG경영의 시대, 안전해야 지속가능발전 가능(https://www.ceomagazine.co.kr/news/articleView.html?idxno=32092)

7. 《ESG 경영을 위한 안전보건 전략》(2022. 12. 13.) / ESG 경영을 위한 안전보건 전략(https://kiha21.or.kr/monthly/2022/12/2022_12_04_s416.pdf)

8. 《국회미래연구원 | Futures Brief | 1호》(2021.7.29.) p5

9. 《KAIST 「See Futures」》(2014.06.23.) / 안전산업 미래전략(https://futures.kaist.ac.kr/ko/?c=202&s=&gp=1&gbn=viewok&ix=752)

10. 《이뉴스투데이》(2022.05.03.) / SR, 중대재해예방프로젝트 '우.문.현.답' 운영(https://www.enewstoday.co.kr/news/articleView.html?idxno=1567470)

11. 《조선일보》(2020.6.11.) / 코로나19시대 '안전의식'이 바꾼 여행 트렌드 'S.A.F.E.T.Y'(https://www.chosun.com/site/data/html_dir/2020/06/16/2020061601635.html)

12. 《한겨레》(2020.11.02.) / [뉴노멀-트렌드] 소비 욕망이 된 '안전', 그리고 괴물 / 김용섭 (https://www.hani.co.kr/arti/opinion/column/968087.html)

13. 《연합뉴스》(2023.04.26.) / 중대재해처벌법 '첫 실형'…한국제강 대표이사 법정 구속(https://www.yna.co.kr/view/AKR20230426058600052)

14. 《서울경제》(24.2.15)) / "감옥 갈 위험 안고 사업하느니 차라리 폐업을"…中企人 4000명 성토(https://www.sedaily.com/NewsView/2D5DBLDPXX)

15. 《전자신문》(2022.12.05.) / [ESG칼럼]기업 평판위기와 ESG(https://www.etnews.com/20221204000046)

16. 《스마트에프엔》(2024.01.09.) / 한화 건설부문, 통합관제시스템 활용 '안전보건 모니터링' 강화 (https://www.smartfn.co.kr/article/view/sfn202401090055)

17. 《이코리아》 (2023.06.27.) / 산업재해 예방하는 스마트 안전기술 어디까지 왔나(https://www.ekoreanews.co.kr/news/articleView.html?idxno=67697)

18. 《서울경제》 (2022.10.23.) / ICT기업, 年44조 재난안전시장 뛰어든다(https://www.sedaily.com/NewsView/26CGOKR0R5)

19. 《이코노믹리뷰》 (2023.06.14.) / 한라시멘트, '월드클래스 안전문화 도약 캠페인' 전개(https://www.econovill.com/news/articleView.html?idxno=614506)

20. 《세계에서 가장 안전한 일터, 듀폰》. 일부발췌(http://isafer.smsinfo.co.kr/eco/file3.pdf)

21. 《매일경제》 (2024.02.29.) / 중대법 '50인미만' 확대 한달…기업들 비명(https://www.mk.co.kr/news/economy/10954257)

22. 《매일신문》 (24.03.26) / 산업 현장부터 식당까지 "중대재해법? 준비는 아직" (https://www.imaeil.com/page/view/2024032615384825325)

23. 《조선일보》 (2024.03.13.) / 직원 22명인데 안전서류만 37개… "서류 만드느라 현장 안전 볼 틈 없다" (https://www.chosun.com/economy/smb-venture/2024/03/13/F54IVL4IUNFDXCSYR2HRPMU4AI/)

※ 논문 & 칼럼

• 김학수, 〈팀내 과업 및 관계갈등간 영향관계에서 참여적 안전 풍토의 조절역할에 관한 연구〉, 《기업경영연구》 제19권 6호, 한국기업경영학회, 2012.

• 조기홍, 〈ESG 경영을 위한 안전보건 전략〉, 《KIHA21》, 2022.